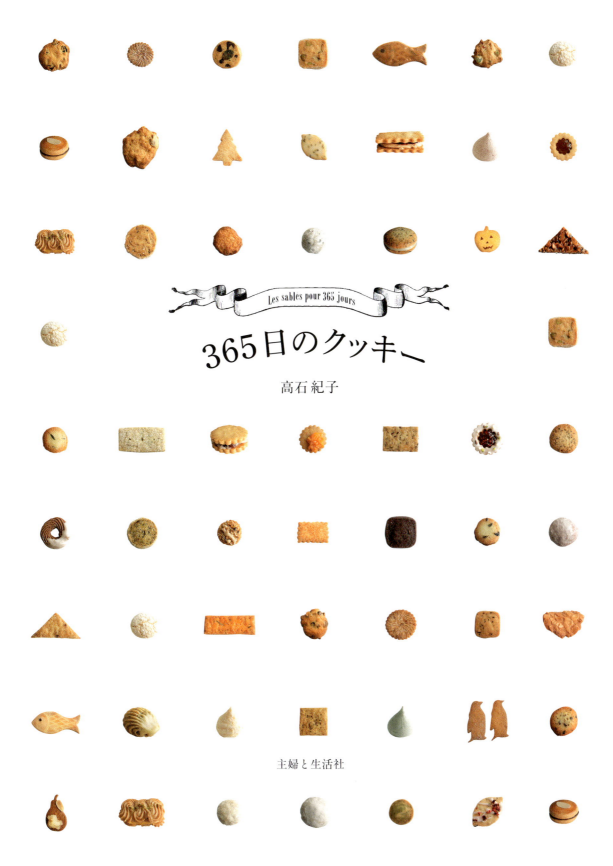

Les sables pour 365 jours

365日のクッキー

高石 紀子

主婦と生活社

Sommaire

はじめに … 4
基本の材料 … 6
基本の道具 … 7
よくある質問 … 34
アイシングと生地の絞り方 … 54
くだものをのせてタルト風に … 74

Les pâtes de base　基本の生地

基本の生地①　アイスボックスクッキー G … 8
基本の生地②　型抜きクッキー E … 10
基本の生地③　絞り出しクッキー P … 12
基本の生地④　ドロップクッキー D … 14
基本の生地⑤　ブールドネージュ B … 15
基本の生地⑥　フロランタン F … 16
基本の生地⑦　ラングドシャ L … 18
基本の生地⑧　ムラング M … 19
基本の生地⑨　パートブリゼ PB … 20
その他の生地 Etc. … 21

この本の使い方

○ 材料の分量は作りやすい分量です。できるだけ30cm四方の天板1枚にのりきる量にしていますが、のりきらない場合は2回に分けて焼いてください。
○ メニュー名の後にはそれぞれ生地の種類を四角囲みのアルファベット（G E P など）で示しています。生地のさらに詳しい作り方は、該当の「基本の生地」のページ（P8～20）をご覧ください。
○ 使用する材料や道具についてはそれぞれP6、7をご覧ください。
○ オーブンは電気のコンベクションオーブンを使用しています。焼成温度、時間は機種により異なりますので、様子を見ながら焼いてください。オーブンの火力が弱い場合は焼成温度を10℃上げてください。
○ 電子レンジは600Wのもの、フライパンはフッ素樹脂加工のもの、鍋はステンレス製のものを使っています。
○ 大さじ1は15ml、小さじ1は5mlです。

Printemps　華やかな春のクッキー

ベリーのクッキー … 22
　クランベリーとホワイトチョコのクッキー D
　いちごとラズベリーのブールドネージュ B
　ラズベリーのクッキー ばらのアイシングがけ E
　いちごのムラング M

オレンジのクッキー
　オレンジとシナモンのクッキー G … 26
　タルトオランジュ風 E … 27

お茶のクッキー … 28
　紅茶のショートブレッド Etc.
　ほうじ茶のクッキー G

ポワソンダブリル … 30
　ラム酒のポワソンダブリル風 E
　コーヒーのポワソンダブリル風 E

和風のクッキー
　ごまのフロランタン F … 32
　桜のクッキー キルシュのアイシング E … 33

Été　夏のクッキーはさわやかに

レモンのクッキー … 36
　レモンクッキー E
　レモンとチョコのラングドシャ L
　レモンとココナッツのブールドネージュ B
　紅茶のクッキー レモンのアイシングがけ P

塩味のクッキー … 40
　クミンとナッツの塩味クッキー PB
　トマトとローズマリーの塩味クッキー PB
　チーズとピンクペッパーの塩味クッキー PB
　カレーの塩味クッキー PB

ココナッツのクッキー … 44
　ココナッツとオレンジのクッキー D
　ココナッツのムラング M
　ココナッツクッキー E

のせたり、はさんだり
　チョコのクッキー パイナップルマリネのせ E …48
　ブッセのアイスクリームサンド Etc. …49

ラングドシャのサンド …50
　ラベンダーのラングドシャとガナッシュ L
　タイムのラングドシャとマーマレード L

さわやかなハーブのクッキー …52
　バジルとライムのクッキー G
　チョコミントクッキー G

Automne　秋の滋味深いクッキー

リュスティックな … 56
　チュイル Etc.
　紅茶のラングドシャ L
　きび砂糖とナッツのクッキー G
　マカロンアランシエンヌ Etc.

ハロウィン … 60
　かぼちゃのクッキー E
　シナモンのクッキーとかぼちゃクリーム P

キャラメルのクッキー … 62
　キャラメルクリームのサンドクッキー E
　キャラメルクッキー E

ナッツのクッキー … 64
　ヘーゼルナッツとオレンジのフロランタン F
　アーモンドとコーヒーのクッキー G
　ヘーゼルナッツとメープルのクッキー P

大人のドロップクッキー … 68
　ラムレーズンのクッキー D
　いちじくとコーンフレークのクッキー D

秋の型抜きクッキーのサンド … 70
　マロンクリームサンド E
　クランベリーのバタークリームサンド E

和風のブールドネージュ … 72
　黒ごまと黒砂糖のブールドネージュ B
　きな粉のブールドネージュ B

Hiver　冬を祝うクッキーたち

クリスマスのクッキー … 76
　クリスマスカラーのクッキー D
　ココアのクッキー ジンジャーアイシングがけ P
　シナモンのクッキーとラズベリージャム E
　ジンジャーのクッキー E

冬のくだもののクッキー … 80
　シナモンのクッキー りんごの赤ワイン煮のせ E
　みかんと八角のジャムのせクッキー E
　キャラメルのクッキー 洋なしのコンポートのせ E

バレンタインデー … 84
　ココアとチョコチップのムラング M
　チョコバナナクッキー D
　ココアとくるみのブールドネージュ B
　ココアのクッキーとブルーベリージャム E

ガナッシュのサンド … 88
　コーヒーのラングドシャとホワイトチョコのガナッシュ L
　ラム酒のクッキーとガナッシュ E

大人のバレンタイン … 89
　ココアと粗塩のクッキー G
　ココアとピンクペッパーのクッキー G

日本のお正月のクッキー … 92
　抹茶のムラング M
　抹茶とゆずのマーブルクッキー G

エピファニー … 93
　ガレットデロワ風 PB
　ラズベリーのガレットデロワ風 PB

Introduction

淡いピンク色の缶を開けると、薄紙の下にはたくさんのクッキーがぎゅうぎゅうに詰まっていて、微笑む祖母の傍らで幼かった私は、どれから食べようかと人生の一大事のように、うんうんと悩んだものでした。子どものころの幸せな思い出です。

ひとくちに「クッキー」と言っても数多くの種類があります。手軽に作れる「アイスボックスクッキー」や「ドロップクッキー」（小学生だった私がよく作っていたのも「Cherry Winks」というドロップクッキーでした）、さまざまな抜型で象るもっともクッキーらしい「型抜きクッキー」、そしてまるで洋菓子店の売りもののような「絞り出しクッキー」……。

それぞれにそれぞれのおいしさやかわいさがあって、食べるのはもちろんのこと作るのも楽しく、そして作れば作るほどその奥深さに感動します。祖母の隣でクッキーをほおばっていたあのころから、クッキーは私にとって変わることなくいちばん身近で愛しいお菓子なのです。

本書では9つの基本の生地とそのアレンジなど、合わせて74のレシピを、季節ごとに紹介しています。焼き菓子のハイシーズンである秋や冬だけでなく、春や夏にもクッキーを楽しんで欲しいと願い、このような構成にしました。うっかりたくさん思いついてしまったので、レシピの数もうんと多めです。

今すぐにでも作れるものから、それなりに準備と時間が必要なものまで、さまざまな難易度のものがありますが、どれも家庭で作りやすいように気をつけています。そのとおりに作っていただければ必ずおいしく焼き上がりますし、いくつか作るうち、自分なりのアレンジもできるようになることでしょう。初めて作るならP68「ラムレーズンのクッキー」がおすすめです。

子どものころの幸福な記憶のせいでしょうか、今では作る立場になった私は、クッキーの生地を混ぜながらも、喜んでくれる誰かの顔を想像してしまいます。私のクッキーがおいしいとすればもしかしたらそのおかげかも？ でもきっとそれこそが、誰もがおいしく作れるただひとつのこつなのでしょうね。

高石紀子

Ingrédients
基本の材料

1_薄力粉
この本では製菓用の「ドルチェ」を使用。小麦粉本来の風味を感じることができます。「バイオレット」でも構いません。

2_バター
生地には発酵バター（食塩不使用）を使用。普通の食塩不使用のバターでも作れますが、発酵バターのほうが風味がよいのでおすすめです。

3_粉砂糖
グラニュー糖や白ざらめをごく細かい粉状にしたもの。軽い食感のクッキーにはグラニュー糖よりも粉砂糖が合います。さらさらとしていて水に溶けやすいのが特徴です。

4_強力粉
主に打ち粉として使用しています。打ち粉は生地が作業台にくっついてしまわないよう、作業台や生地に散らすもの。粒子が粗く、生地に吸収されにくい強力粉は、打ち粉に最適なのです。手に入りやすい「カメリヤ」などで問題ありません。

5_きび砂糖
精製途中の砂糖液を煮詰めたもの。ミネラルを含み、やさしい甘さとこくがあります。ドロップクッキーDなど、こっくりとした味にしたいときに使います。カソナードなどで代用できます。

6_卵
Mサイズ（卵黄20g＋卵白30g）を使用しています。個体差がありますが、±5g程度でしたら誤差の範囲内です。なるべく新鮮なものを選んでください。レシピによって常温にもどす場合と、冷たい状態で使う場合とがあります。

7_グラニュー糖
くせがなく、素材の風味を損ないません。生地用には混ざりやすい製菓用の微粒子タイプがおすすめです。表面にまぶしたり、キャラメルなどにする場合は、普通のもので構いません。

8_アーモンドパウダー
アーモンドを粉末にしたもの。ブールドネージュB、ラングドシャL、ブッセ、マカロンなどに使用しています。食感がさくさくになり、風味が豊かになります。

9_塩
生地に少量加えるとメリハリがつき、甘みが引き立ちます。一般的な食塩でも問題ありませんが、粒が大きい粗塩がおすすめです。本書ではゲランドの塩を使用しています。

10_コーンスターチ
とうもろこしのでんぷんを粉末にしたもの。生地の薄力粉の一部をコーンスターチにすると、軽い口あたりに仕上がります。ブールドネージュBやブッセなどで使っています。

11_ベーキングパウダー
生地を膨張させ、ふっくらと焼き上げる働きがあります。ドロップクッキーDの生地などにごく少量を加えます。本書ではアルミニウムフリーのものを使用。

Ustensiles
基本の道具

1_ハンドミキサー
機種によってパワーに差があります。レシピの混ぜ時間は目安なので、生地の状態を必ず確認してください。

2_ボウル
生地を作るボウルは直径20cmほどのステンレス製が実用的。卵をほぐしたり、アイシングを作ったりするときに、小さめのものもいくつかあると重宝します。

3_万能こし器
粉類や粉砂糖をふるうときに使用します。網が二重のものは目詰まりしやすいので使わないでください。

4_泡立て器
ワイヤーの本数が多く、丈夫で弾力性のあるステンレス製がよいでしょう。長さ25～30cmのものなら力が入れやすく、混ぜやすいです。

5_ゴムべら
しなやかで混ぜやすい耐熱シリコン製をおすすめします。粉類を混ぜるときはもちろん、アパレイユやキャラメルを作るときにも使えます。

6_はけ
ナイロン製やシリコン製などがあり、アイシングを塗るときなどに用います。においがつきやすいので使用後はよく洗って乾かしましょう。

7_カード
スケッパーとも言います。生地をのばすときに形を整えたり、生地を切り分けたり、バターを切りながら混ぜたりするときに使います。

8_乾燥剤
クッキーを保存するときにあると便利な防湿乾燥剤。シート乾燥剤やシリカゲルなど、製菓材料店で購入可能です。いっしょに密閉保存するとさくさくの食感が保たれます。

9_オーブン用シート
オーブンの天板に敷く紙。生地が張りつかないようにします。本書では「クックパー®」を使用。表面がつるつるしているものだと、焼成中に生地が広がってしまうことがあります。

10_めん棒
生地をのばすときに使います。少し長めの、重みのあるものだと力が入りやすく、均一にのばしやすいです。

11_天板
オーブンに付属する角皿。本書では30cm四方のものを使用しています。機種によってサイズが異なるので、のりきらなかった生地は冷凍保存するなどして、別途焼いてください。

12_絞り出し袋
絞り出しクッキー**P**、ラングドシャ**L**、ムラング**M**などで使用。ナイロン製やポリエチレン製があり、クッキー作りには大きめのものが最適です。使い方はP55「生地を絞る」参照。

13_口金
絞り出し袋にセットして使います。本書で使用したのは丸口金と花口金ですが、好みの口金、好みの絞り方で構いません。ステンレス製やプラスチック製のものがあります。

14_クッキー抜型
型抜きクッキー**E**で使用。さまざまな形があります。レシピには目安として抜型のサイズを記載しましたが、お手持ちのもの、お好みのものを使っても構いません。できあがる個数は抜型の大きさによって異なります。

基本の生地 ①

G 基本のアイスボックスクッキー（バニラ）
biscuit de la glacière

卵黄を使ったリッチなクッキーです。
特別な道具が必要なく、とても作りやすくて、生地を冷凍保存しておけば、
いつでも気軽に焼くことができます。
生地をまとめたら、いったん冷やして硬くし、扱いやすくなったら円柱状に成形して、
さらに冷凍して切りやすくします。

→P26「オレンジとシナモンのクッキー」、P52「バジルとライムのクッキー」、P52「チョコミントクッキー」など

材料と下準備　直径3cm 約50枚分

発酵バター（食塩不使用）… 90g
　＞常温にもどす ⓐ

塩 … ひとつまみ

バニラビーンズ … 1/5本
　＞ナイフでさやを裂き、種をこそげ取る ⓑ

粉砂糖 … 45g
　＞ふるう ⓒ

卵黄 … 1個分（20g）
　＞常温にもどし、フォークでほぐす ⓓ

薄力粉 … 140g
　＞ふるう ⓒ

グラニュー糖 … 適量

＊天板にオーブン用シートを敷く ⓔ。
＊オーブンはほどよいタイミングで160℃に予熱する。

ⓐ 常温で指で押すとすっと入るくらいまでやわらかくする。ラップで包んで厚みを均一にしたバターを、電子レンジで5秒ずつ様子を見ながら加熱してもよい。どろどろにしないよう注意。

ⓒ 粉砂糖と薄力粉は、下にオーブン用シートなどを敷き、万能こし器や目の細かいざるに入れてふるう。だまになりにくく、生地になじみやすくなる。

ⓔ オーブン用シートは表面があまりつるつるしていないものがよい。本書では「クックパー®」を使用。

ⓑ 厚みをペティナイフなどで切り裂き、ナイフの背で種をこそげ取る。バニラペースト小さじ1/4でも代用可。

ⓓ 全体をよく混ぜる。卵黄が冷たいと生地に混ざりにくいので注意。

— note —

・表面にまぶしたグラニュー糖が甘みと食感のアクセントに。ほろっと崩れるやさしい口あたりで飽きのこない味。
・作り方**6**の状態で、1か月ほど冷凍保存できる。

[作り方]

1. ボウルにバター、塩、バニラビーンズを入れ、泡立て器でバターがなめらかになるまで混ぜる ⓕ。
2. 粉砂糖を2〜3回に分けて加え、そのつど全体になじむまですり混ぜる。
3. 卵黄を2回ほどに分けて加え、そのつど全体になじむまで混ぜる ⓖ。
4. 薄力粉を加え、片手でボウルを回しながら、ゴムべらで底から大きくすくい返すようにして全体を20回ほど混ぜる ⓗ。粉けがほぼなくなったら ⓘ、ボウルを回しながらゴムべらで押しつけるようにして全体を40回ほど混ぜる ⓙ。
5. ラップで4を包んで厚さ2〜3cmにまとめ、冷蔵室で1〜2時間休ませる ⓚ。
6. 5をいくつかにちぎり、手で押しつぶしてやわらかくする ⓛ。ひとつにまとめ直し、カードで2等分に切る。作業台に打ち粉適量（分量外）をふり ⓜ、それぞれ直径2.5cm×長さ21cmほどの細い円柱状にして ⓝ ラップで包み、冷凍室で1時間ほど休ませる。
7. バットにグラニュー糖を広げる。6にはけで表面に薄く水を塗り、バットの中で転がして、グラニュー糖をまぶす ⓞ。厚さ8mmに切り ⓟ、天板に2〜3cm間隔で並べ、予熱したオーブンで20〜25分焼く。
8. 天板ごと網にのせ ⓠ、粗熱がとれたらクッキーを網に直接のせて冷ます。

ⓕ まずはバターをクリーム状にする。ここでよく混ぜておかないとバターのかたまりが残ってしまう。ほかのレシピではバニラビーンズは不要。

ⓖ 粉砂糖も卵黄も少しずつ加え混ぜると生地になじみやすい。粉砂糖が入ると生地が重たくなるので、泡立て器のワイヤーに近いところをしっかりと持って混ぜる。粉砂糖も卵黄も見えなくなればOK。

ⓗ 片手でボウルを手前に回し、同時に「の」の字を描くイメージで、ボウルの奥から手前へ、生地を底からすくい上げるようにしてゴムべらを返す。練るように混ぜると生地が硬くなるのでNG。

ⓘ 次第に粉けがなくなってくる。ボウルの側面やゴムべらについた生地もときどき落としながら混ぜると、むらなく、効率よく混ざる。

ⓙ つなぎの役割をする卵の量が全体量に対して少ないが、押しつけるように混ぜることで、まとまりやすくなる。ときどき全体を返しながら生地をまとめる。

ⓚ 全体の厚みを均一にし、ステンレス製のバットにのせると早く冷える。生地を硬くして成形しやすくする。

ⓛ 冷蔵室から出したての生地は硬いので一度ほぐす。手のひらに体重をかけてつぶし、硬さを均一にしてから再びまとめる。

ⓜ 打ち粉（強力粉）をふたつまみほど指先でつまんで、横から軽く投げるようにして作業台に散らす。かたまりがあれば指で少し広げておく。

ⓝ 転がして円柱状にしたら、カットしやすいよう冷凍室で冷やし固める。仕上げにバットなどを軽くあてて転がすと表面がなめらかになる。形は四角い棒状でもよい。

ⓞ グラニュー糖がつきやすいよう生地の表面に水を薄く塗っておく。軽く転がして全体にグラニュー糖をまぶす。

ⓟ 刃を当て、刃先にもう一方の手をのせてやさしく体重をかけ、押すようにすっと切る。天板1枚に並べきれない場合は2回に分けて焼くか、生地を切らずに冷凍保存する。

ⓠ 焼き上がってすぐのクッキーは高温なので、天板にのせたまま粗熱をとってから網に移して冷ます。

Les pâtes de base

基本の生地 ②

E 基本の型抜きクッキー（バニラ）
emporte-pièce

もっともクッキーらしいクッキーではないでしょうか。
アイシングなどのデコレーションや、クリームをはさむなどのアレンジもしやすいので、本書でもこの生地で作るレシピがいちばん多くなっています。
最小限の水分でしっとりと仕上げるのが、おいしいクッキーにするこつです。
抜型はレシピとは異なるものを使っても構いません。

→P23「ラズベリーのクッキー」、P30「ラム酒のポワソンダブリル風」、P36「レモンクッキー」など

この本で使用した抜型は、丸形、花形、ひし形、波形長方形など。好みの抜型でもOK。

| 材料と下準備 | 直径5cm 約30枚分

発酵バター（食塩不使用）… 125g
　＞常温にもどす ⓐ
塩 … ひとつまみ
バニラビーンズ … 1/5本
　＞ナイフでさやを裂き、種をこそげ取る ⓑ
粉砂糖 … 60g
　＞ふるう ⓒ
全卵 … 1/2個分（25g）
　＞常温にもどし、フォークでほぐす ⓓ
薄力粉 … 210g
　＞ふるう ⓒ

＊天板にオーブン用シートを敷く ⓔ。
＊オーブンはほどよいタイミングで160℃に予熱する。

ⓐ 常温で指で押すとすっと入るくらいまでやわらかくする。ラップで包んで厚みを均一にしたバターを、電子レンジで5秒ずつ様子を見ながら加熱してもよい。どろどろにしないよう注意。

ⓑ 厚みをペティナイフなどで切り裂き、ナイフの背で種をこそぎ取る。バニラペースト小さじ1/4でも代用可。

ⓒ 粉砂糖と薄力粉は、下にオーブン用シートなどを敷き、万能こし器や目の細かいざるに入れてふるう。だまになりにくく、生地になじみやすくなる。

ⓓ 全体をよく混ぜる。卵が冷たいと生地に混ざりにくいので注意。

ⓔ オーブン用シートは表面があまりつるつるしていないものがよい。本書では「クックパー®」を使用。

> 作り方

1　ボウルにバター、塩、バニラビーンズを入れ、泡立て器でバターがなめらかになるまで混ぜる ⓕ。
2　粉砂糖を2～3回に分けて加え、そのつど全体になじむまですり混ぜる。
3　卵を5回ほどに分けて加え、そのつど全体になじむまで混ぜる ⓖ。
4　薄力粉を加え、片手でボウルを回しながら、ゴムべらで底から大きくすくい返すようにして全体を30回ほど混ぜる ⓗ。粉けがほぼなくなったら、ボウルを回しながらゴムべらで押しつけるようにして全体を30～40回混ぜる ⓘ。
5　ラップで4を包んで厚さ2～3cmにまとめ、冷蔵室で1～2時間休ませる ⓙ。
6　5をいくつかにちぎり、手で押しつぶしてやわらかくし ⓚ、ひとつにまとめ直す。作業台と生地に打ち粉適量（分量外）をふり、めん棒で厚さ5mmほどにのばす ⓛ。クッキー抜型（直径5cm・丸）の切り口に打ち粉をつけながら生地を抜き、天板に2～3cm間隔で並べる ⓜ。残った生地はまとめ直し ⓝ、同様にのばして抜き、天板に並べる。予熱したオーブンで25分ほど焼く。
7　天板ごと網にのせ、粗熱がとれたらクッキーを網に直接のせて冷ます。

まずはバターをクリーム状にする。ここでよく混ぜておかないとバターのかたまりが残ってしまう。ほとんどのほかのレシピではバニラビーンズは不要。

粉砂糖も卵も少しずつ加え混ぜると生地になじみやすい。粉砂糖が入ると生地が重たくなるので、泡立て器のワイヤーに近いところをしっかり持って混ぜる。粉砂糖も卵も見えなくなればOK。

片手でボウルを手前に回し、同時に「の」の字を描くイメージで、ボウルの奥から手前へ、生地を底からすくい上げるようにしてゴムべらを返す。練るように混ぜると生地が硬くなるのでNG。

つなぎの役割をする卵の量が全体量に対して少ないが、押しつけるように混ぜることで、まとまりやすくなる。ときどき全体を返しながら生地をまとめる。

全体の厚みを均一にし、ステンレス製のバットにのせると早く冷える。生地を硬くして成形しやすくする。

冷蔵室から出したての生地は硬いので一度ほぐす。手のひらに体重をかけてつぶし、硬さを均一にしてから再びまとめる。

まずはめん棒で軽く押して表面をならす。ときどき生地の向きを変え、カードで形を整えながら、さまざまな方向からのばす。べたついてきたら打ち粉（強力粉）を適宜ふる。

抜型に打ち粉をつけると生地が抜きやすくなる。天板1枚に並べきれない場合は2回に分けて焼くか、抜いた生地を冷凍保存する。

抜いた後に残った生地をまとめ直したものを「2番生地」と言う。さらに残った生地は「3番生地」。回を重ねるほど生地の食感は劣化する。

> note

・食感のよさを堪能できるシンプルな味。1番生地で作ったものがもっともおいしい。
・天板に並べきれない場合は抜いた状態でオーブン用シートを敷いたステンレス製のバットなどに並べて冷凍室に入れ、生地が固まったらジッパーつきの保存袋に移して冷凍保存もできる。保存の目安は1か月ほど。凍ったまま天板に並べ、同様に焼成する。

Les pâtes de base

基本の生地 ③

 基本の絞り出しクッキー（バニラ）
sablés à la poche

卵白で作るやわらかい生地です。絞り出し袋で絞ります。
時間がたつと絞りにくくなるので、生地ができあがったら、なるべく早く絞ってください。
口金や絞り方を変えることで、さまざまな形のクッキーが作れます。
食感が軽やかで、アイシングやサンドなどのアレンジも自在。
お店のクッキーのような仕上がりになります。

→P37「紅茶のクッキー」、P60「シナモンのクッキー」、P77「ココアのクッキー」など

粉 45%　バター 34%　砂糖 15%　卵 6%

| 材料と下準備 | 直径3cm 約50個分 |

発酵バター（食塩不使用）… 90g
　>常温にもどす ⓐ

塩 … ひとつまみ

バニラビーンズ … 1/5本
　>ナイフでさやを裂き、種をこそげ取る ⓑ

粉砂糖 … 40g
　>ふるう ⓒ

卵白 … 1/2個分（15g）
　>常温にもどし、フォークでほぐす

薄力粉 … 120g
　>ふるう ⓒ

＊絞り出し袋に花口金（直径7㎜）をつける ⓓ。
＊天板にオーブン用シートを敷く ⓔ。
＊オーブンはほどよいタイミングで160℃に予熱する。

ⓐ 常温で指で押すとすっと入るくらいまでやわらかくする。ラップで包んで厚みを均一にしたバターを、電子レンジで5秒ずつ様子を見ながら加熱してもよい。どろどろにしないよう注意。

ⓒ 粉砂糖と薄力粉は、下にオーブン用シートなどを敷き、万能こし器や目の細かいざるに入れてふるう。だまになりにくく、生地になじみやすくなる。

ⓔ オーブン用シートは表面があまりつるつるしていないものがよい。本書では「クックパー®」を使用。

ⓑ 厚みをペティナイフなどで切り裂き、ナイフの背で種をこそげ取る。バニラペースト小さじ1/4でも代用可。

ⓓ 絞り出し袋に口金を入れてから先端を切り、口金のすぐ上の袋をねじって口金に押し込む。口金の詳しいつけ方はP55「生地を絞る」を参照のこと。

[作り方]

1. ボウルにバター、塩、バニラビーンズを入れ、泡立て器でバターがなめらかになるまで混ぜる ⓕ。
2. 粉砂糖を3回ほどに分けて加え、そのつど全体になじむまですり混ぜる。
3. 卵白を4〜5回に分けて加え、そのつど全体になじむまで混ぜる ⓖ。
4. 薄力粉を加え、片手でボウルを回しながら、ゴムべらで底から大きくすくい返すようにして全体を20回ほど混ぜる ⓗ。粉けがほぼなくなったら、ボウルを回しながらゴムべらで押しつけるようにして全体を20回ほど混ぜる ⓘ。
5. 絞り出し袋に4の1/2量を入れ ⓙ、天板の四隅にごく少量を絞り出し、オーブン用シートを留める ⓚ。クッキー抜型(直径3cm・丸)などの切り口に打ち粉適量(分量外)をつけてオーブン用シートに2〜3cm間隔で印をつけ、その中に円形に絞り出す ⓛ。残りも同様にする。予熱したオーブンで20〜25分焼く。
6. 天板ごと網にのせ ⓜ、粗熱がとれたらクッキーを網に直接のせて冷ます。

まずはバターをクリーム状にする。ここでよく混ぜておかないとバターのかたまりが残ってしまう。ほかのレシピではバニラビーンズは不要。

粉砂糖も卵白も少しずつ加え混ぜると生地になじみやすい。粉砂糖が入ると生地が重たくなるので、泡立て器のワイヤーに近いところをしっかりと持って混ぜる。粉砂糖も卵白も見えなくなればOK。

片手でボウルを手前に回し、同時に「の」の字を描くイメージで、ボウルの奥から手前へ、生地を底からすくい上げるようにしてゴムべらを返す。練るように混ぜると生地が硬くなるのでNG。

つなぎの役割をする卵白の量が全体量に対して少ないが、押しつけるように混ぜることで、まとまりやすくなる。ときどき全体を返しながら生地をまとめる。

絞り出し袋の中ほどを持って、袋の口を折り返し、ゴムべらで生地をすくい入れる。なるべく口金に近いところに入れていく。一度に入れる生地は袋の半分ほどが目安。それ以上入れると絞りづらくなる。カードで生地を口金に寄せる。

生地をのり代わりにしてオーブン用シートを天板に固定しておく。生地が絞りやすくなり、またオーブンの熱風でシートが裏返る心配もなくなる。

粉でつけた目印の中心に絞り出し、ゆっくり出しながら、小さく「の」の字を描くイメージ。

焼き上がってすぐのクッキーは高温なので、天板にのせたまま粗熱をとってから網に移して冷ます。

— note —

・絞り出した生地に好みのジャムをのせてから焼いてもおいしい。
・冷凍保存する場合はオーブン用シートを敷いた天板に生地を絞り出し、天板ごと冷凍室で冷やして生地を固め、ジッパーつきの保存袋に移す。保存の目安は1か月ほど。凍ったまま天板に並べ、同様焼成する。

基本の生地 ④

D 基本のドロップクッキー
（アーモンドとチョコ）
drop cookies

水分多めのゆるい生地で作る、
もっとも簡単なアメリカ風のクッキーです。
成形に気を使う必要も、特別な道具も必要ありません。
ざくざくとした素朴な食感といびつな形は、まさに家庭のお菓子。
飽きのこない、永遠のスタンダードです。

→P22「クランベリーとホワイトチョコのクッキー」、P44「ココナッツとオレンジの
　クッキー」、P68「ラムレーズンのクッキー」など

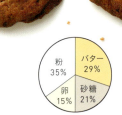

粉 35%　バター 29%　卵 15%　砂糖 21%

材料と下準備　直径6cm 10枚分

発酵バター（食塩不使用）… 50g
　＞常温にもどす
塩 … ひとつまみ
A ┌ きび砂糖 … 25g
　└ グラニュー糖（微粒子）… 10g
　＞混ぜ合わせる
全卵 … 1/2個分（25g）
　＞常温にもどし、フォークでほぐす
B ┌ 薄力粉 … 60g
　└ ベーキングパウダー … 小さじ1/4
　＞合わせてふるう
アーモンド（ロースト済み）… 20g
　＞粗く刻む
製菓用チョコレート（スイート）… 30g
　＞粗く刻む

＊天板にオーブン用シートを敷く。
＊オーブンはほどよいタイミングで170℃に予熱する。

作り方

1　ボウルにバターと塩を入れ、泡立て器でバターがなめらかになるまで混ぜる ⓐ。
2　Aを3回ほどに分けて加え、そのつど全体になじむまですり混ぜる。
3　卵を4～5回に分けて加え、そのつど全体になじむまで混ぜる。
4　Bを加え、片手でボウルを回しながら、ゴムべらで底から大きくすくい返すようにして全体を15～20回混ぜる ⓑ。粉けがほぼなくなったらアーモンドとチョコレートを加え、ボウルを回しながらゴムべらで押しつけるようにして全体を20回ほど混ぜる ⓒ。
5　天板にスプーンで4の1/10量ずつを5～6cm間隔で落とし ⓓ、水で濡らしたスプーンの背で軽く押さえて平らにする ⓔ。予熱したオーブンで18～20分焼く。
6　天板ごと網にのせ ⓕ、粗熱がとれたらクッキーを網に直接のせて冷ます。

ⓐ まずはバターをクリーム状にする。ここでよく混ぜておかないとバターのかたまりが残ってしまう。

ⓑ 片手でボウルを手前に回し、同時に「の」の字を描くイメージで、ボウルの奥から手前へ、生地を底からすくい上げるようにゴムべらを返す。

ⓒ フィリングを加えたら、ときどき全体を返しながら生地を押しつけてまとめる。

ⓓ 1個のスプーンで生地をすくい、もう1個のスプーンの背で生地を落とす。生地がゆるく、加熱されると横に広がりやすいので、間隔は広め（生地1個分）にとる。

ⓔ スプーンの背で厚さを1cmほどにする。厚すぎると火の通りが悪く、薄すぎると硬くなってしまう。

ⓕ 焼き上がってすぐのクッキーは高温なので、天板にのせたまま粗熱をとってから網に移して冷ます。

note

・厚さを変えなければ、好みでサイズを変えても問題ない。焼成時間は様子を見ながら調整を。
・アーモンドの代わりにくるみやピスタチオなど、好みのナッツで作ってもよい。

基本の生地 ⑤

B 基本のブールドネージュ
（バニラ）

boule de neige

フランス語で「雪の玉」という意味の素朴なクッキー。
卵は使わず、生地を手で丸めて焼くだけなのでとても簡単です。
コーンスターチを加えることで、
さくさくとした焼き上がりになります。

→P23「いちごとラズベリーのブールドネージュ」、P37「レモンとココナッツの
　ブールドネージュ」、P72「黒ごまと黒砂糖のブールドネージュ」など

粉 54% / バター 35% / 砂糖 11%

| 材料と下準備 | 直径2.5cm 約35個分 |

発酵バター（食塩不使用）… 65g
　＞常温にもどす
バニラビーンズ … 1/5本
　＞ナイフでさやを裂き、種をこそ
　　げ取る
粉砂糖 … 20g ＋ 60g
　＞それぞれふるう
A ┌ 薄力粉 … 70g
　│ コーンスターチ … 15g
　└ アーモンドパウダー … 15g
　＞合わせてふるう ⓐ

＊天板にオーブン用シートを敷く。
＊オーブンはほどよいタイミングで
　160℃に予熱する。

| 作り方 |

1 ボウルにバターとバニラビーンズを入れ、ハンドミキサーの低速でバターがなめらかになるまで10秒ほど混ぜる ⓑ。
2 粉砂糖20gを加え、ハンドミキサーでスイッチを入れずに10回ほど大きく混ぜる ⓒ。粉砂糖が少しなじんだら低速で10秒ほど混ぜ、高速にしてさらに1分30秒〜2分、全体が白っぽく、ふんわりとするまで混ぜる。
3 Aを加え、片手でボウルを回しながら、ゴムべらで底から大きくすくい返すようにして全体を30回ほど混ぜる ⓓ。粉けがほぼなくなったら、ボウルを回しながらゴムべらで押しつけるようにして全体を30回ほど混ぜる。
4 ラップで3を包んで厚さ2〜3cmにまとめ、冷蔵室で1〜2時間休ませる ⓔ。
5 4を5gずつに分けて ⓕ 手で丸め ⓖ、天板に2〜3cm間隔で並べ、予熱したオーブンで25分ほど焼く。
6 天板ごと網にのせて冷ます。バットに粉砂糖60gを広げ、ブールドネージュをバットに移して全体にまぶし ⓗ、余分な粉砂糖を落として天板に戻す。しばらくおいて粉砂糖がなじんだら、もう一度バットに入れてまぶす。

ⓐ 粉が複数ある場合は、いっしょにふるっておけばむらなく混ざる。

ⓑ ハンドミキサーをぐるぐると大きく回しながら、空気を含ませるようにして混ぜる。

ⓒ 粉砂糖を加えた直後は、飛び散らないようスイッチを切った状態である程度バターになじませる。羽根やボウルの側面についた生地は、たまにゴムべらで落としながら混ぜる。

ⓓ 前半の30回は片手でボウルを手前に回し、同時に「の」の字を描くイメージで、底からすくい上げるようにしてゴムべらを返す。練るように混ぜると生地が硬くなる。

ⓔ 冷蔵室で寝かせて、成形しやすくする。全体がまんべんなく冷えるよう、厚みは均一にする。

ⓕ カードなどで切り分け、はかりで計量しながら重さを均等にする。

>~~~~ note ~~~~<

・スペインのポルボローネというお菓子がルーツだといわれている。ほろほろの軽い口あたりが魅力。
・湿気やすいので早めに召し上がれ。

ⓖ 両手で軽く転がすように丸める。天板には生地1個分をあけて並べる。

ⓗ 焼き上がってすぐに粉砂糖をまぶすと溶ける。粉砂糖は少し多めのほうがまぶしやすい。1度目にまぶした粉砂糖は生地の水分を吸うので、2度づけして見た目よく仕上げる。

Les pâtes de base | 15

基本の生地 ⑥

F 基本のフロランタン（アーモンド）
florentins

由来は「フィレンツェ風」を表すフランス語。
サブレ生地を軽く焼いたら、アーモンドスライス入りのアパレイユを作り、
熱いうちに流し広げて、さらに焼けば完成です。

→P32「ごまのフロランタン」、P64「ヘーゼルナッツとオレンジのフロランタン」

粉 51%
バター 31%
砂糖 12%
卵 6%

材料と下準備　5.5cm四方 約16個分

発酵バター（食塩不使用）… 125g
　>常温にもどす
塩 … ひとつまみ
粉砂糖 … 50g
　>ふるう
全卵 … 1/2個分（25g）
　>常温にもどし、フォークでほぐす
薄力粉 … 210g
　>ふるう
アパレイユ
　グラニュー糖 … 75g
　バター（食塩不使用）… 35g
　生クリーム（乳脂肪分45%）… 35ml
　はちみつ … 25g
　アーモンドスライス
　　（ロースト済み）… 100g

＊天板にオーブン用シートを敷く。
＊オーブンはほどよいタイミングで
　160℃に予熱する。

作り方

1　ボウルにバターと塩を入れ、泡立て器でバターがなめらかになるまで混ぜる ⓐ。
2　粉砂糖を2～3回に分けて加え、そのつど全体になじむまですり混ぜる。
3　卵を5回ほどに分けて加え、そのつど全体になじむまで混ぜる ⓑ。
4　薄力粉を加え、片手でボウルを回しながら、ゴムべらで底から大きくすくい返すようにして全体を30回ほど混ぜる ⓒ。粉けがほぼなくなったら、ボウルを回しながらゴムべらで押しつけるようにして全体を30～40回混ぜる ⓓ。
5　ラップで4を包んで厚さ2～3cmにまとめ、冷蔵室で1～2時間休ませる ⓔ。
6　5をいくつかにちぎり、手で押しつぶしてやわらかくし ⓕ、ひとつにまとめ直す。作業台と生地に打ち粉適量（分量外）をふり、めん棒で25cm四方、厚さ5mmほどにのばす ⓖ。めん棒に生地を少し巻き取って天板にのせ ⓗ、フォークで全体に穴をあける ⓘ。予熱したオーブンで10分ほど焼き、焼き上がったら天板ごと網にのせる ⓙ。
7　オーブンを170℃に予熱しながらアパレイユを作る。小鍋にアーモンドスライス以外の材料をすべて入れ、なるべく動かさずに弱火で熱する。バターが溶けてきたら鍋を揺すり、グラニュー糖を溶かす。煮立ってから1分ほど加熱してアーモンドスライスを加え、ゴムべらでねっとりとするまで混ぜ続ける。
8　すぐに7のアパレイユを6の生地の上に周囲2cmほどを残して流し、ゴムべらで厚みが均一になるように表面をならす ⓚ。予熱したオーブンで25分ほど焼く。
9　天板ごと網にのせ ⓛ、温かいうちにオーブン用シートごとまな板に移す。包丁（あればブレッドナイフ）で周囲の四辺をきれいに切り落とし、上から押すようにして5.5cm四方に切る ⓜ。網に直接のせて冷ます。

まずはバターをクリーム状にする。ここでよく混ぜておかないとバターのかたまりが残ってしまう。

粉砂糖も卵も少しずつ加え混ぜると生地になじみやすい。粉砂糖が入ると生地が重たくなるので、泡立て器のワイヤーに近いところをしっかりと持って混ぜる。粉砂糖も卵も見えなくなればOK。

片手でボウルを手前に回し、同時に「の」の字を描くイメージで、ボウルの奥から手前へ、生地を底からすくい上げるようにしてゴムべらを返す。練るように混ぜると生地が硬くなるのでNG。

粉が多く、つなぎの役目をする卵の量が全体量に対して少ないが、押しつけるように混ぜることで、まとまりやすくなる。ときどき全体を返しながら生地をまとめる。

全体の厚みを均一にし、ステンレス製のバットにのせると早く冷える。生地を硬くして成形しやすくする。

冷蔵室から出したての生地は硬いので一度ほぐす。手のひらに体重をかけてつぶし、硬さを均一にしてから再びまとめる。

まずはめん棒で軽く押して表面をならす。ときどき生地の向きを変え、さまざまな方向からのばし、カードで形を整えながら厚みが均一になるようにする。べたついてきたら打ち粉(強力粉)を適宜ふる。

生地を端からめん棒に巻き取り、そのまま持ち上げて、天板の上で広げる。生地を傷めることなく移すことができる。

「ピケ」という作業。生地が均一に膨らむよう、表面にフォークで穴をあけておく。

この後、アパレイユをのせてさらに焼くので、表面にうっすらと焼き色がつけばよい。

生地が焼き上がったら、すぐにアパレイユを作り始める。生地にのせたときに流れてしまわないよう少し粘度が出るまで煮詰める。固まる前に手早く流し、厚みを均一にして焼く。

アパレイユが濃いキャラメル色になったらできあがり。焼きたては崩れやすく、完全に冷めると割れやすいので、しばらくおいて粗熱をとる。

ブレッドナイフがおすすめ。刃を当て、刃先にもう一方の手を添えて、ゆっくり体重をかけて切るとよい。長方形や三角形など、好みの形で構わない。

---

note

・アパレイユにも砂糖が入るので、生地の砂糖は少なめにしている。
・アーモンドスライスがロースト済みでない場合は、160℃に予熱したオーブンで3分ほどローストし、粗熱をとる。

Les pâtes de base

基本の生地 ⑦

L 基本のラングドシャ
（プレーン）

langue de chat

フランス語で「猫の舌」の意味を持つクッキー。
本来は猫の舌のように細長く絞り出しますが、
この本では作りやすいよう円形にしました。
軽い食感は卵白で作るこの生地ならでは。
好みのクリームをはさんでもおいしいです。

→P37「レモンとチョコのラングドシャ」、P50「ラベンダー
のラングドシャ」、P50「タイムのラングドシャ」など

| 粉 25% | バター 25% |
| 卵 25% | 砂糖 25% |

材料と下準備 直径2.5cm 約60枚分

発酵バター（食塩不使用）… 30g
　＞常温にもどす
粉砂糖 … 15g
　＞ふるう
メレンゲ
　卵白 … 1個分（30g）
　　＞常温にもどす
　粉砂糖 … 15g
　　＞ふるう
A ┌ 薄力粉 … 25g
　└ アーモンドパウダー … 5g
　　＞合わせてふるう

＊絞り出し袋に丸口金（直径9mm）をつける ⓐ。
＊オーブン用シートにクッキー抜型などで直径2cmの円形の印を2cm間隔で描き ⓑ、裏返して天板に敷く。
＊オーブンはほどよいタイミングで180℃に予熱する。

作り方

1. ボウルにバターと粉砂糖を入れ、ゴムべらで粉砂糖が全体になじむまですり混ぜる。
2. メレンゲを作る。別のボウルに卵白を入れ、ハンドミキサーの中速で1分ほどほぐす。粉砂糖を5回ほどに分けて加え、そのつど中速で30秒ほど泡立てる。すくうとつのが軽く立つくらいになったらOK ⓒ。
3. 1のボウルに2のメレンゲの1/8量を加え、片手でボウルを回しながら、ゴムべらで底から大きくすくい返すようにして全体を15回ほど、なじむまで混ぜる。さらにAの1/8量を加え、同様に10回ほど、全体になじむまで混ぜる。これを繰り返し、メレンゲとAをすべて混ぜ合わせる ⓓ。
4. 絞り出し袋に3を入れ、天板の四隅にごく少量を絞り出し、オーブン用シートを留める ⓔ。印の中に円形に絞り出し、天板の底を手で軽くたたいて生地を平らにならす ⓕ。予熱したオーブンで8〜10分焼く。
5. 天板ごと網にのせ ⓖ、粗熱がとれたらラングドシャを網に直接のせて冷ます。

絞り出し袋に口金を入れてから先端を切り、袋をねじって押し込んでおけば、生地が流れ出るのを防げる。詳しくはP55「生地を絞る」参照のこと。

鉛筆でもボールペンでも可。裏返しても見えるようならなんでもよい。目印のできれいな円でなくても構わない。

卵白を常温にもどしておくとやわらかいメレンゲになり、さくっとした食感になる。ボウルは必ず乾いたものを使用すること。つのがぴんと立つまで泡立てなくてもOK。

最後はAを加えて終わるようにする。粉けがなくなり、表面につやが出たらOK。

生地をのり代わりにしてオーブン用シートを天板に固定しておく。生地が絞りやすくなり、またオーブンの熱風でシートが裏返る心配もなくなる。

天板の底を4〜5回たたくと生地が少し広がり、短時間でも全体に火が通りやすくなる。

縁には焼き色がついて、中央は白っぽい状態で焼き上がり。全体に焼き色がついてしまうと焼きすぎ。焼き上がりはやわらかいが、冷めると硬くなる。

— note —

・配合はすべて1/4量ずつ。アーモンドパウダーで風味をつけている。
・あまり大きく絞ると生地に厚みが出て、食感が悪くなる。直径3cm以内に。

基本の生地 ⑧

M 基本のムラング
（プレーン）
meringue

いわゆる「焼きメレンゲ」。
フランスではおなじみのおやつです。
低温で長時間焼くのが特徴ですが、
なるべく短い時間で済むよう、小さめにしました。
絞り出し袋がなければ、少々いびつにはなりますが、
スプーンで生地を落としても作れます。

→P23「いちごのムラング」、P44「ココナッツのムラング」、
　P84「ココアとチョコチップのムラング」など

砂糖 65%　卵 35%

材料と下準備　直径1.5cmのしずく形 約150個分

メレンゲ
　卵白 … 1個分(30g)
　　>冷蔵室で冷やす
　グラニュー糖(微粒子) … 25g

粉砂糖 … 30g
　>ふるう

＊絞り出し袋に丸口金(直径7mm)をつける ⓐ。
＊天板にオーブン用シートを敷く。
＊オーブンはほどよいタイミングで110℃に予熱する。

作り方

1 メレンゲを作る。ボウルに卵白を入れ、ハンドミキサーの高速で1分ほどほぐす。グラニュー糖を5〜6回に分けて加え、そのつど高速で1分ほど泡立てる。きめが細かく、すくうとつのがぴんと立つくらいになったらOK ⓑ。

2 粉砂糖を加え、片手でボウルを回しながら、ゴムべらで底から大きくすくい返すようにして全体を20〜30回混ぜる ⓒ。

3 絞り出し袋に2を入れ ⓓ、天板の四隅にごく少量を絞り出し、オーブン用シートを留める ⓔ。1cm間隔で直径1.5cmほどのしずく形に絞り出す ⓕ。予熱したオーブンで1時間ほど焼き、天板ごと網にのせて冷ます ⓖ。

ⓐ 絞り出し袋に口金を入れてから先端を切り、袋をねじって押し込んでおけば、生地が流れ出るのを防げる。詳しくはP55「生地を絞る」参照のこと。

ⓑ ボウルは必ず乾いたものを使用する。ハンドミキサーを持ち上げたときに、つのが垂れない硬めの状態ならOK。

ⓒ 片手でボウルを手前に回し、同時に「の」の字を描くイメージで、ボウルの奥から手前へ、生地を底からすくい上げるようにしてゴムべらを返す。混ぜすぎるとメレンゲの泡がつぶれる。

ⓓ メレンゲの気泡をできるだけつぶさないように、力まかせに押し込まずに、やさしく詰めていく。

ⓔ 生地をのり代わりにしてオーブン用シートを天板に固定しておく。生地が絞りやすくなり、またオーブンの熱風でシートが裏返る心配もなくなる。

ⓕ 絞り出してから力を抜いてすっと引き上げるとよい。焼成しても生地はあまり膨らまないので間隔は少しあけるくらい。サイズは大きくしても構わないが、その場合は焼成時間を長くする。

ⓖ 焼き上がったらやけどに注意しながら1個取り出して半分に割り、中がしっかり乾いているか確認するとよい。生焼けなら焼成時間を10分ずつ追加する。

— note —

・形がかわいく、大量に作れるので、プレゼントにもぴったり。

基本の生地 ⑨

PB 基本のパートブリゼ
（青のり）

pâte brisée

パートブリゼはタルト（パイ）生地の一種。
手軽にさくさくとした食感を楽しめます。
粉には半分ほど強力粉を使用。
塩味にしてアペロのお供にするのがおすすめです。
スパークリングや白ワイン、ビールなどによく合います。

→P40「クミンとナッツの塩味クッキー」、P41「トマトとローズマリーの塩味クッキー」、P93「ガレットデロワ風」など

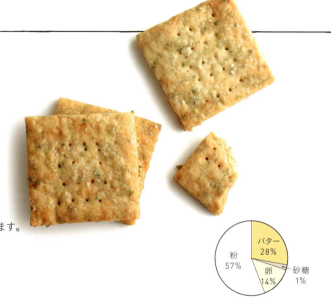

粉 57%　バター 28%　卵 14%　砂糖 1%

材料と下準備　5cm四方 約12枚分

発酵バター（食塩不使用）… 50g
　＞1cm角に切ってボウルに入れ、冷蔵室で冷やす ⓐ

A ┌ 薄力粉 … 50g
　└ 強力粉 … 50g
　＞合わせてふるう

グラニュー糖（微粒子）… 小さじ1/2
塩 … 小さじ1/4
青のり … 大さじ1
全卵 … 1/2個分（25g）
　＞冷蔵室で冷やし、直前にフォークでほぐす
粗塩（粒が大きいもの）… 適量

＊天板にオーブン用シートを敷く。
＊オーブンはほどよいタイミングで180℃に予熱する。

— note —

・塩味のクッキーにするととてもおいしい生地。ここでは青のりと合わせた。
・甘いクッキーにアレンジする場合は表面にグラニュー糖をまぶす。P93「ガレットデロワ風」参照。

作り方

1　バターが入ったボウルにA、グラニュー糖、塩、青のりを加え、カードで軽く混ぜて全体をなじませる。バターを切るようにして混ぜ合わせ、細かい粒状にする ⓑ。

2　中央をあけて卵を2〜3回に分けて加え ⓒ、そのつど全体を切るようにして卵がなじむまで混ぜ合わせる。

3　押しつけるようにまとめてから大まかに切り分け、再び押しつけるようにまとめ直す ⓓ。これを3〜4回繰り返し、粉けがなくなったらラップで包んで厚さ2〜3cmにまとめ、冷蔵室で3時間以上休ませる。

4　3のラップをはずし、改めてラップ2枚で生地をはさみ、めん棒で25×20cm、厚さ3mmほどにのばす ⓔ。まな板に移して包丁で周囲の四辺をきれいに切り落とし、5cm四方に切る ⓕ。天板に1〜2cm間隔で並べ、フォークで数か所に穴をあけて粗塩をふる。予熱したオーブンで20分ほど焼く。

5　天板ごと網にのせ、粗熱がとれたらクッキーを網に直接のせて冷ます。

バターがやわらかいと生地がべたつくので必ずよく冷やす。ボウルごと冷やしておくとよりバターがべたつきにくくなる。

バターを上からカードで押し切り、断面に粉類などをまぶすように混ぜる。練らないよう注意。ボウルの側面についた生地をときどき落としながら、バターが5mm角ほどになるようにする。

卵は少量ずつ加えたほうが混ざりやすい。練らないように奥から手前に向かって切り混ぜる。

卵で湿った部分と粉っぽい部分が混ざるよう、何度か切り分けながらまとめてなじませていく。

まずはめん棒で軽く押しつけて表面をならす。生地の向きを変え、さまざまな方向からのばし、カードで形を整えながら厚みが均一になるようにする。ラップは適宜かけ直す。

厚さが3mmであれば切り分ける大きさや形は好みで構わない。

Etc. その他の生地
et cetera

ショートブレッド
shortbread

スコットランド生まれの伝統的な焼き菓子。紅茶とよく合います。shortは「さくさくした」という意味で、口の中でほろほろと崩れるのが特徴。

→P28「紅茶のショートブレッド」

ブッセ
bouchée

フランス語で「ひと口」を意味する「ブーシェ」が名前の由来。ふわっと軽い口あたりで、素朴な味。アイスクリームやジャム、クリームなどをサンドするのがおすすめ。

→P49「ブッセのアイスクリームサンド」

チュイル
tuile

湾曲した形が特徴のチュイルは、フランス語で「瓦」という意味。アーモンドスライスを加えたものが多く、パリッとしていて香ばしい。

→P56「チュイル」

マカロンアランシエンヌ
macaron à l'ancienne

今日、フランス菓子店でよく見るマカロンは、正確には「マカロンパリジャン(パリ風マカロン)」。マカロンは元々がイタリアからやってきたお菓子で、このマカロンアランシエンヌ(昔風のマカロン)のように素朴なものでした。

→P57「マカロンアランシエンヌ」

Printemps

華やかな春のクッキー

クランベリーとホワイトチョコのクッキー
D →P24

ラズベリーのクッキー
ばらのアイシングがけ
E →P25

いちごのムラング
M →P25

ベリーのクッキー

いちご、ラズベリー、クランベリー。
春らしくベリーを使った甘酸っぱいクッキーたちです。
いちごとラズベリーは実はばら科の植物であるという共通点も。
相性は抜群です。

いちごとラズベリーのブールドネージュ
B →P24

クランベリーとホワイトチョコのクッキー

材料と下準備 直径6cm 10枚分

発酵バター（食塩不使用）… 50g
>常温にもどす

塩 … ひとつまみ

A ┌ きび砂糖 … 25g
　└ グラニュー糖（微粒子）… 10g
>混ぜ合わせる

全卵 … 1/2個分（25g）
>常温にもどし、フォークでほぐす

B ┌ 薄力粉 … 60g
　└ ベーキングパウダー … 小さじ1/4
>合わせてふるう

ドライクランベリー … 30g
>熱湯をかけて水けをきり ⓐ、ペーパータオルで水けを拭き取る

製菓用チョコレート（ホワイト）… 30g
>粗く刻む

＊天板にオーブン用シートを敷く。
＊オーブンはほどよいタイミングで170℃に予熱する。

note
・赤と白で春らしく。ドライクランベリーは水けを拭き取った後、キルシュ大さじ1に3時間〜ひと晩漬けてもよい。
・ホワイトチョコレートは焼成するとキャラメルのような風味になる。

作り方

1 ボウルにバターと塩を入れ、泡立て器でバターがなめらかになるまで混ぜる。
2 Aを3回ほどに分けて加え、そのつど全体になじむまですり混ぜる。
3 卵を4〜5回に分けて加え、そのつど全体になじむまで混ぜる。
4 Bを加え、片手でボウルを回しながら、ゴムべらで底から大きくすくい返すようにして全体を15〜20回混ぜる。粉けがほぼなくなったらドライクランベリーとチョコレートを加え、ボウルを回しながらゴムべらで押しつけるようにして全体を20回ほど混ぜる。
5 天板にスプーンで4の1/10量ずつを5〜6cm間隔で落とし、水で濡らしたスプーンの背で軽く押さえて平らにする。予熱したオーブンで18〜20分焼く。
6 天板ごと網にのせ、粗熱がとれたらクッキーを網に直接のせて冷ます。

いちごとラズベリーのブールドネージュ

材料と下準備 直径2.5cm 約35個分

発酵バター（食塩不使用）… 65g
>常温にもどす

粉砂糖 … 20g
>ふるう

ラズベリー（冷凍）… 5g
>解凍し、フォークの背でつぶしてピュレ状にする ⓐ

A ┌ 薄力粉 … 75g
　│ コーンスターチ … 15g
　│ アーモンドパウダー … 15g
　└ いちごパウダー … 小さじ1
>合わせてふるう

B ┌ 粉砂糖 … 60g
　└ いちごパウダー … 小さじ1
>合わせてふるう

＊天板にオーブン用シートを敷く。
＊オーブンはほどよいタイミングで160℃に予熱する。

いちごパウダー
フリーズドライにしたいちごをパウダー状にしたもの。きれいなピンク色に仕上がる。

note
・ラズベリーのほのかな酸味がポイント。
・ラズベリーは市販のピュレを使っても構わない。

作り方

1 P15「基本のブールドネージュ」1〜6と同様に作る。ただし1でバニラビーンズは不要。2で粉砂糖を混ぜた後にラズベリーを加え、ハンドミキサーの低速で10秒ほど混ぜる。6で粉砂糖の代わりにBをまぶす。

ラズベリーのクッキー ばらのアイシングがけ E

| 材料と下準備 | 6.5×4cmの葉形 約55枚分 |

発酵バター(食塩不使用)… 125g
　>常温にもどす
塩 … ひとつまみ
粉砂糖 … 60g
　>ふるう
全卵 … 1/2個分(25g)
　>常温にもどし、フォークでほぐす
ばらシロップ … 小さじ2と1/2
薄力粉 … 210g
　>ふるう
ばらの花びら(乾燥) … 5g＋適量
　>5gは粗みじん切りにする
アイシング
　｜粉砂糖 … 100g
　｜ばらシロップ … 55mℓ
ドライラズベリー(顆粒) … 適量

＊天板にオーブン用シートを敷く。
＊オーブンはほどよいタイミングで160℃に予熱する。

作り方

1. P10～11「基本の型抜きクッキー」1～7と同様に作る。ただし1でバニラビーンズは不要。3で卵を混ぜ終えた後にばらシロップを加え混ぜる。4で薄力粉と同時にばらの花びら5gを加える。6で生地は厚さ3mmほどにのばし、クッキー抜型は6.5×4cmの葉形のものを使い、焼成時間は20分ほどにする。7で天板ごと網にのせて冷ます。

2. アイシングを作る。ボウルに万能こし器で粉砂糖をふるい入れ、ばらシロップを少しずつ加えながらスプーンなどでよく混ぜる。持ち上げるとゆっくりと落ち、落ちたあとが5～6秒でなくなるくらいの硬さにする。

3. 1が冷めたらオーブンを200℃に予熱する。スプーンで2のアイシングをクッキーにかける。ばらの花びら適量を散らし、ドライラズベリーをふる。予熱したオーブンで30秒～1分加熱し、天板ごと網にのせて乾かす。

ばらシロップ
MONINの高濃度シロップ。紅茶やカクテルなどにも活用できる。

ばらの花びら(乾燥)
食用のばらを乾燥させたハーブティー用。がくがある場合は取り除く。

ドライラズベリー(顆粒)
フリーズドライのラズベリーを細かくしたもの。

── note ──
・ばらの繊細な香りを楽しむために生地の厚さは3mmにし、焼成時間も少し短くした。
・アイシングの分量はクッキー全量分だが、必要に応じて量は調整を。

いちごのムラング M

| 材料と下準備 | 直径1.5cmのしずく形 約150個分 |

メレンゲ
　｜卵白 … 1個分(30g)
　｜　>冷蔵室で冷やす
　｜グラニュー糖(微粒子) … 25g
A｜粉砂糖 … 30g
　｜いちごパウダー … 3g
　｜　>合わせてふるう

＊絞り出し袋に丸口金(直径7mm)をつける。
＊天板にオーブン用シートを敷く。
＊オーブンはほどよいタイミングで110℃に予熱する。

作り方

1. メレンゲを作る。ボウルに卵白を入れ、ハンドミキサーの高速で1分ほどほぐす。グラニュー糖を5～6回に分けて加え、そのつど高速で1分ほど泡立てる。きめが細かく、すくうとつのがぴんと立つくらいになったらOK。

2. Aを加え、片手でボウルを回しながら、ゴムべらで底から大きくすくい返すようにして全体を20～30回混ぜる。

3. 絞り出し袋に2を入れ、天板の四隅にごく少量を絞り出し、オーブン用シートを留める。1cm間隔で直径1.5cmほどのしずく形に絞り出す。予熱したオーブンで1時間ほど焼き、天板ごと網にのせて冷ます。

── note ──
・いちごパウダー3gでもしっかりとしたいちごの風味。さくっとした食感と、口溶けのよさが魅力。

オレンジのクッキー
国産のオレンジの多くは春に旬を迎えます。
さわやかな甘みと酸味はこの季節の気分にぴったりです。

オレンジとシナモンのクッキー　G

材料と下準備　3cm四方 約46枚分

発酵バター（食塩不使用）… 90g
　>常温にもどす
オレンジの皮 … 1/2個分
　>すりおろし、バターに加えて
　　混ぜ合わせる
塩 … ひとつまみ
粉砂糖 … 45g
　>ふるう
卵黄 … 1個分（20g）
　>常温にもどし、フォークでほぐす

A ┌ 薄力粉 … 140g
　└ シナモンパウダー … 小さじ1と1/2
　　>合わせてふるう
グラニュー糖 … 適量

＊天板にオーブン用シートを敷く。
＊オーブンはほどよいタイミングで160℃に予熱する。

作り方

1. P8〜9「基本のアイスボックスクッキー」1〜8と同様に作る。ただし1でバニラビーンズは不要。4で薄力粉の代わりにAを加える。6で2等分にした生地はそれぞれ2.5cm角×長さ19cmほどの四角い棒状にする ⓐⓑ。

---note---

・シナモンの上品で甘い香りがオレンジのさわやかさを引き立てる。
・オレンジの皮はよく洗い、水けを拭き取ってからすりおろす。
・四角い棒状にするには、まずは円柱状にしてから、清潔な板状のもの（よく洗った定規、ラップで包んだ箱など）とカードではさんで、面を作っていく。

タルトオランジュ風 E

| 材料と下準備 | 直径6cm 約40枚分 |

発酵バター（食塩不使用）… 125g
　>常温にもどす
塩 … ひとつまみ
粉砂糖 … 60g
　>ふるう
全卵 … 1/2個分(25g)
　>常温にもどし、フォークでほぐす
A ┌ 薄力粉 … 210g
　└ カルダモンパウダー … 小さじ2
　>合わせてふるう
オレンジカード
　卵黄 … 2個分(40g)
　グラニュー糖（微粒子）… 40g
　オレンジの皮 … 1/2個分
　　>すりおろす
　オレンジ果汁 … 50mℓ
　レモン果汁 … 小さじ1と1/2
　バター（食塩不使用）… 25g

＊天板にオーブン用シートを敷く。
＊オーブンはほどよいタイミングで160℃に予熱する。

ⓐ

— note —
・カルダモンパウダー入りのスパイシーなクッキーに、クリーミーで酸味のあるオレンジカードを合わせて、オレンジのタルト風に。
・オレンジカードは卵黄に溶かしたバターなどを一度に加えると、卵黄が固まってしまうので少しずつ加える。残った場合は、冷蔵室で2〜3日を目安に保存する。

| 作り方 |

1　P10〜11「基本の型抜きクッキー」1〜7と同様に作る。ただし1でバニラビーンズは不要。4で薄力粉の代わりにAを加える。6で生地は厚さ3mmほどにのばし、クッキー抜型は直径6cmの丸形のものを使い、焼成時間は20分ほどにする。

2　オレンジカードを作る。耐熱ボウルに卵黄とグラニュー糖を入れ、泡立て器でグラニュー糖がなじむまですり混ぜる。

3　小鍋に残りの材料をすべて入れて弱火で熱し、バターを溶かす。煮立つ直前に火を止め、2のボウルに少しずつ加えて、そのつど泡立て器でよく混ぜ合わせる。

4　3を小鍋に戻して弱火で熱し、ゴムべらで混ぜ続ける。もったりとして、ゴムべらのあとが残るくらいになったらⓐ、ざるでこしながらボウルに移し、ボウルの底を氷水にあてて、混ぜながら冷やす。1が冷めたら塗っていただく。

Printemps

お茶のクッキー

春のティータイムにあるとうれしい香り豊かなクッキー。
ほうじ茶のクッキーが意外と紅茶によく合います。

紅茶のショートブレッド Etc.

[材料と下準備] 6×3cmの長方形 約10個分

- A
  - 薄力粉 … 90g
  - 粉砂糖 … 25g
  - ＞合わせてふるう
- 塩 … ふたつまみ
- 紅茶の茶葉（アールグレイ）
  - … 小さじ1と1/2
  - ＞ラップで包み、めん棒を転がして細かくする ⓐ
- 発酵バター（食塩不使用）… 50g
  - ＞1cm角に切り ⓑ、冷蔵室で冷やす
- グラニュー糖 … 適量

＊天板にオーブン用シートを敷く。
＊オーブンはほどよいタイミングで160℃に予熱する。

[作り方]

1. ボウルにA、塩、紅茶の茶葉を入れ、手で全体を軽く混ぜる。バターを加え、指先でつぶしながら粉などをまぶし ⓒ、ポロポロにする ⓓ。
2. 手のひらで押さえつけるようにしてひとつにまとめる ⓔ。生地をボウルから取り出してラップではさみ ⓕ、めん棒で14×12cm、厚さ1cmほどにのばす ⓖ。そのままラップで包み、冷蔵室で1時間ほど休ませる ⓗ。
3. 2をまな板にのせ、包丁で周囲の四辺をきれいに切り落とす ⓘ。5.5×2.5cmの長方形に切り、天板に3～4cm間隔で並べる。はけで表面に薄く水を塗り、グラニュー糖を指で軽く押さえてなじませ ⓙ、箸で3か所ずつ穴をあける ⓚ。予熱したオーブンで25～30分焼く。
4. 天板ごと網にのせ、粗熱がとれたらショートブレッドを網に直接のせて冷ます。

― note ―

- 生地に混ぜ込む茶葉は風味の強いアールグレイがおすすめ。
- 切り落とした生地はひとつにまとめていっしょに焼いてもよい。

ほうじ茶のクッキー G

[材料と下準備] 直径3cm 約56枚分

- 発酵バター（食塩不使用）… 90g
  - ＞常温にもどす
- 塩 … ひとつまみ
- 粉砂糖 … 45g
  - ＞ふるう
- 卵黄 … 1個分（20g）
  - ＞常温にもどし、フォークでほぐす
- 薄力粉 … 140g
  - ＞ふるう
- ほうじ茶の茶葉 … 8g
  - ＞すりこ木ですって細かくする ⓐ
- グラニュー糖 … 適量

＊天板にオーブン用シートを敷く。
＊オーブンはほどよいタイミングで160℃に予熱する。

[作り方]

1. P8～9「基本のアイスボックスクッキー」1～8と同様に作る。ただし1でバニラビーンズは不要。4で薄力粉と同時にほうじ茶の茶葉を加える。6で2等分にした生地はそれぞれ直径2.5cm×長さ23cmほどの細い円柱状にする。

― note ―

- ほうじ茶独特の香ばしさと甘みで上品な味に。
- 紅茶などに比べると風味が出にくいので茶葉はたっぷり加える。ここでは一保堂茶舗のものを使用。

ポワソンダブリル

直訳すると「4月の魚」。
フランスには4月1日に魚の形をしたお菓子を食べる習慣があります。
こちらは魚の抜型で作ったクッキー。アイシングはなくてもよいです。

ラム酒のポワソンダブリル風 E

[材料と下準備]　13×6cmの魚形 約15枚分

発酵バター（食塩不使用）… 140g
　＞常温にもどす
塩 … ひとつまみ
粉砂糖 … 100g
　＞ふるう
全卵 … 1個分(50g)
　＞常温にもどし、フォークでほぐす
A｜ラム酒 … 小さじ1
B｜薄力粉 … 220g
　｜アーモンドパウダー … 50g
　｜ベーキングパウダー … 小さじ1/4
　＞合わせてふるう

ドリュール
　｜インスタントコーヒー（顆粒）
　｜　… ふたつまみ
　｜　＞湯小さじ1/4で溶く
　｜全卵 … 大さじ1
　｜　＞ほぐして茶こしでこすⓐ
　＞よく混ぜ合わせる
チョコチップ … 約15個
アイシング
　｜粉砂糖 … 100g
　｜水 … 大さじ1
　｜ラム酒 … 小さじ2

＊天板にオーブン用シートを敷く。
＊オーブンはほどよいタイミングで160℃に予熱する。

― note ―
・ラム酒の甘みが感じられる大人っぽい味。
・ドリュールを塗ることで模様が際立つ。
・模様はナイフを少し寝かせて描くとはっきりとしたラインになる。
・やわらかめの生地なので、打ち粉を多めにふり、すばやくのばして抜くこと。

コーヒーのポワソンダブリル風 E

[材料と下準備]　9×4cmの魚形 約40枚分

発酵バター（食塩不使用）… 140g
　＞常温にもどす
塩 … ひとつまみ
粉砂糖 … 100g
　＞ふるう
全卵 … 1個分(50g)
　＞常温にもどし、フォークでほぐす
A｜インスタントコーヒー（顆粒）… 10g
　｜　＞スプーンの背で細かくつぶす
B｜薄力粉 … 220g
　｜アーモンドパウダー … 50g
　｜ベーキングパウダー … 小さじ1/4
　＞合わせてふるう

ドリュール
　｜インスタントコーヒー（顆粒）
　｜　… ふたつまみ
　｜　＞湯小さじ1/4で溶く
　｜全卵 … 大さじ1
　｜　＞ほぐして茶こしでこすⓐ
　＞よく混ぜ合わせる
チョコチップ … 約40個
アイシング
　｜粉砂糖 … 100g
　｜インスタントコーヒー（顆粒）… 小さじ1
　｜　＞湯小さじ1で溶く
　｜水 … 大さじ1

＊天板にオーブン用シートを敷く。
＊オーブンはほどよいタイミングで160℃に予熱する。

― note ―
・生地のコーヒーは溶かずに加えることで、味にコントラストが生まれる。
・アイシングをオーブンで乾燥させるときは縁が泡立ってきたらすぐに取り出す。

[共通の作り方]

1　P10〜11「基本の型抜きクッキー」1〜6と同様に作る。ただし1でバニラビーンズは不要。3で卵を混ぜた後に、Aを加え混ぜる。4で薄力粉の代わりにBを加える。6でクッキー抜型は魚形のものを使い、ここではまだ焼かない。

2　はけでドリュールを1の生地の表面に塗り、天板ごと冷蔵室に入れて2〜3分おく。表面が乾燥したら、もう一度ドリュールを塗り、ナイフを少し寝かせて魚の模様をつけⓑ、目の部分にチョコチップを1個ずつのせて軽く押さえるⓒ。予熱したオーブンで25分ほど焼き、天板ごと網にのせて冷ます。

3　アイシングを作る。ボウルに万能こし器で粉砂糖をふるい入れ、残りの材料を少しずつ加えながらスプーンなどでよく混ぜる。持ち上げるとゆっくりと落ち、落ちたあとが2秒ほどでなくなるくらいの硬さにする。

4　2が冷めたらオーブンを200℃に予熱する。はけで3のアイシングをクッキーの表面に薄く塗り、予熱したオーブンで30秒〜1分加熱し、天板ごと網にのせて乾かす。

魚の抜型
13×6cmと9×4cmの2サイズを使用。製菓材料店などで購入可。

和風のクッキー

今やフランスでも和の食材を使ったお菓子は人気です。
ごまはすでに世界中でおなじみ。
桜の塩漬けを使ったクッキーは、甘塩っぱさがくせになるおいしさです。

ごまのフロランタン　F

材料と下準備　5.5×2.5cmの長方形 約32個分

発酵バター(食塩不使用) … 125g
　＞常温にもどす
塩 … ひとつまみ
粉砂糖 … 50g
　＞ふるう
全卵 … 1/2個分(25g)
　＞常温にもどし、フォークでほぐす
薄力粉 … 210g
　＞ふるう

アパレイユ
　グラニュー糖 … 75g
　バター(食塩不使用) … 35g
　生クリーム(乳脂肪分45％) … 35㎖
　はちみつ … 25g
　アーモンドスライス
　　(ロースト済み) … 85g
　黒いりごま … 40g

＊天板にオーブン用シートを敷く。
＊オーブンはほどよいタイミングで160℃に予熱する。

作り方

1　P16～17「基本のフロランタン」1～9と同様に作る。ただし7でアーモンドスライスと同時に黒いりごまを加える。9で5.5×2.5cmの長方形に切る。

— note —
・香ばしいキャラメルと黒いりごまがとてもよく合う。
・ブレッドナイフだと切りやすい。形は好みで構わない。

桜のクッキー キルシュのアイシング E

[材料と下準備]　一辺3.5cmのひし形 約50枚分

発酵バター（食塩不使用）… 125g
　> 常温にもどす
粉砂糖 … 60g
　> ふるう
全卵 … 1/2個分(25g)
　> 常温にもどし、フォークでほぐす
桜の塩漬け … 25g＋適量
　> 水に30分ほどさらして塩を抜き ⓐ、さっと洗ってペーパータオルで水けを拭き取って、25gはみじん切りにする
薄力粉 … 210g
　> ふるう

アイシング
　粉砂糖 … 125g
　水 … 大さじ1
　キルシュ … 小さじ2

＊天板にオーブン用シートを敷く。
＊オーブンはほどよいタイミングで160℃に予熱する。

──── note ────
・桜の塩漬けに塩分があるので生地に塩は入れない。
・子ども用にアルコールを抜きたい場合は、キルシュの代わりに水を使用してもよい。
・アイシングの量はクッキー全量分。必要に応じて調整を。

ⓐ

[作り方]

1　P10〜11「基本の型抜きクッキー」1〜7と同様に作る。ただし1で塩とバニラビーンズは不要。3で卵を混ぜた後に桜の塩漬け25gを加え混ぜる。6でクッキー抜型は一辺3.5cmのひし形のものを使う。7で天板ごと網にのせて冷ます。

2　アイシングを作る。ボウルに万能こし器で粉砂糖をふるい入れ、水とキルシュを少しずつ加えながらスプーンなどでよく混ぜる。持ち上げるとゆっくりと落ちるくらいの硬さにする。

3　1が冷めたらオーブンを200℃に予熱する。桜の塩漬け適量をクッキーの中央にのせ、はけで2のアイシングを表面に薄く塗る。予熱したオーブンで30秒〜1分加熱し、天板ごと網にのせて乾かす。

よくある質問
Foire aux questions

Q バターはやわらかくしないとダメですか？

A 必ずやわらかくしてください。

混ぜ始めのバターのやわらかさが、おいしく焼き上がるかどうかを大きく左右します。目安は指で押すとすっと入る程度。一部に冷たいままのかたまりがあったり、全体が均一にやわらかくなっていないと、焼き上がった生地の食感が悪くなります。混ぜ始めてから「少し硬いかな？」と思ったら、ゴムべらなどでバターのかたまりをつぶしてください。

Q 生地をのばしているときに、やわらかくなりすぎて、作業しづらいです。

A いったん冷やして硬くしてください。

生地がやわらかいと感じたら早めに冷凍室か冷蔵室へ入れて、ある程度硬くしましょう。特に型抜きクッキーEでは、無理にのばそうとすると、作業台にくっついてしまったり、破けてしまったりして、きれいに成形できません。冷凍の場合は2〜3分、冷蔵の場合は5〜10分で生地が締まり、作業しやすくなります。冷やしすぎると、今度は作業中にひび割れてしまう可能性があるので、ご注意ください。

Q 「打ち粉」ってなんですか？

A 作業台や生地に広げる強力粉のことです。

生地をのばすときにくっつかないよう、あらかじめ作業台や生地に散らしておく粉のことです。「打ち粉」という粉があるわけではなく、強力粉を使います。強力粉は粒子が粗いため、生地と一体化しにくいからです。アイスボックスクッキーG、型抜きクッキーE、フロランタンFで使います。極力薄めにふってください。

たとえば型抜きクッキーEで生地に打ち粉をふるとき、生地の縁に裂け目があると、そこからひびが入って、のばすときに生地が破れやすくなります。その場合は縁を整えて、裂け目をなじませてから、打ち粉をしてください。

生地をのばし終わった後に打ち粉が生地の表面に残っている場合は、乾いたはけなどで落とすとよいでしょう。あまりにも多くの打ち粉が残っていると、焼き上がりの食感が悪くなります。強力粉の種類はなんでも構いません。一般的な「カメリヤ」などで大丈夫です。

Q オーブンの天板にのりきらなかった生地はどうすればよいですか？

A いったん冷蔵庫で保存してください。

材料は天板（30cm四方）に一度にのる量を目安にはしていますが、のりきらなかった場合は生地にラップをして冷蔵保存しておくことができます。何回かに分けて焼いてください。冷凍保存ができる生地もあります。アイスボックスクッキー**G**は、生地を棒状のままラップをしてジッパーつきの保存袋に入れ、冷凍室に入れます。焼くときは冷蔵室に30分〜1時間おいて、少し解凍してください。
型抜きクッキー**E**は型で抜いた生地を、絞り出しクッキー**P**は絞った生地を、オーブン用シートを敷いたステンレス製のバットなどに並べて冷凍室に入れ、凍ったらジッパーつきの保存袋に移して冷凍保存します。こちらは凍ったまま天板に並べて焼くことができます。ともに冷凍保存の目安は1か月ほど。食べたいときにすぐ焼けるのはうれしいですね。
ただしラングドシャ**L**、ムラング**M**は一度に焼いてください。

Q 成形を失敗してしまったら、やり直しても大丈夫ですか？

A 大丈夫です。

たとえば絞り出しクッキー**P**で絞り出しに失敗してしまったら、カードなどですくって袋に戻し、絞り出しをやり直すことができます。ただし何度もやり直していると、生地に粘りが出て絞りにくくなり、焼き上がりの食感も硬くなってしまいます。やり直しは1回に留めてください。

Q 残った卵黄や卵白はどうすればよいですか？

A ほかのクッキーの材料にするとよいでしょう。

たとえばアイスボックスクッキー**G**は卵黄しか使いませんので、余った卵白は絞り出しクッキー**P**やラングドシャ**L**、ムラング**M**の材料にするとよいでしょう。卵白は冷凍保存もできます。目安は1か月程度。卵黄は冷凍できないので、できるだけ早くアイスボックスクッキー**G**の材料にするか、ほかの料理で使ってください。

Q クッキーの保存期限はどれくらいですか？

A 目安は常温で1週間ほどです。

できれば「シリカゲル」などの防湿乾燥剤といっしょにジッパーつきの保存袋に入れて、空気を抜いて常温で保存してください。防湿乾燥剤がないと2〜3日で湿気てしまいます。期限は1週間ほどが目安です。ただし、P84「チョコバナナクッキー」はバナナが入っているため、保存期限は2〜3日です。
クリームなどをのせたり、はさんだりするものは、生地とクリームは別々に保存し、クリームは基本的に冷蔵保存で2〜3日を目安にしてください。

Foire aux questions

レモンクッキー
E →P38

Été

夏のクッキーはさわやかに

レモンのクッキー

暑い季節においしく感じられるのは、
たとえばさわやかなレモン風味のクッキー。
さまざまな生地と組み合わせてみました。
レモンの皮は国産の、農薬や
ポストハーベスト不使用のものをお使いください。

レモンとチョコのラングドシャ
L →P38

レモンとココナッツの
ブールドネージュ
B →P39

紅茶のクッキー
レモンのアイシングがけ
P →P39

レモンクッキー　E

[材料と下準備]　6.5×4cmの葉形 約35枚分

発酵バター（食塩不使用）… 125g
　>常温にもどす
レモンの皮 … 小1個分
　>すりおろし、バターに加えて
　 混ぜ合わせる
塩 … ひとつまみ
粉砂糖 … 60g
　>ふるう
全卵 … 1/2個分（25g）
　>常温にもどし、フォークでほぐす
薄力粉 … 210g
　>ふるう

アイシング
　粉砂糖 … 105g
　レモン果汁 … 小さじ3と1/2
　ミントの葉 … 30枚
　　>みじん切りにする

＊天板にオーブン用シートを敷く。
＊オーブンはほどよいタイミングで160℃に予熱する。

――― note ―――
・ミントの代わりにタイムなどのハーブを使用してもおいしい。

[作り方]

1. P10〜11「基本の型抜きクッキー」1〜7と同様に作る。ただし1でバニラビーンズは不要。6でクッキー抜型は6.5×4cmの葉形のものを使う。7で天板ごと網にのせて冷ます。

2. アイシングを作る。ボウルに万能こし器で粉砂糖をふるい入れ、レモン果汁を少しずつ加えながらスプーンなどでよく混ぜる。持ち上げるとゆっくりと落ち、落ちたあとが2〜3秒でなくなるくらいの硬さになったら、ミントの葉を加えて混ぜ合わせる。

3. 1が冷めたらオーブンを200℃に予熱する。はけで2のアイシングをクッキーの表面に薄く塗り、予熱したオーブンで30秒〜1分加熱し、天板ごと網にのせて乾かす。

レモンとチョコのラングドシャ　L

[材料と下準備]　直径2.5cm 約60枚分

発酵バター（食塩不使用）… 30g
　>常温にもどす
レモンの皮 … 1/2個分
　>すりおろす
粉砂糖 … 15g
　>ふるう
メレンゲ
　卵白 … 1個分（30g）
　　>常温にもどす
　粉砂糖 … 15g
　　>ふるう
A｢薄力粉 … 25g
　┗アーモンドパウダー … 5g
　>合わせてふるう
製菓用チョコレート（スイート）… 5g
　>粗く刻む

＊絞り出し袋に丸口金（直径9mm）をつける。
＊オーブン用シートにクッキー抜型などで直径2cmの円形の印を2cm間隔で描き、裏返して天板に敷く。
＊オーブンはほどよいタイミングで180℃に予熱する。

[作り方]

1. ボウルにバター、レモンの皮、粉砂糖を入れ、ゴムべらで粉砂糖が全体になじむまですり混ぜる。

2. メレンゲを作る。別のボウルに卵白を入れ、ハンドミキサーの中速で1分ほどほぐす。粉砂糖を5回ほどに分けて加え、そのつど中速で30秒ほど泡立てる。すくうとつのが軽く立つくらいになったらOK。

3. 1のボウルに2のメレンゲの1/8量を加え、片手でボウルを回しながら、ゴムべらで底から大きくすくい返すようにして全体を15回ほど、なじむまで混ぜる。さらにAの1/8量を加え、同様に10回ほど、全体になじむまで混ぜる。これを繰り返し、メレンゲとAをすべて混ぜ合わせる。最後のAといっしょにチョコレートも加えて混ぜる。

4. 絞り出し袋に3を入れ、天板の四隅にごく少量を絞り出し、オーブン用シートを留める。印の中に円形に絞り出し、天板の底を手で軽くたたいて生地を平らにならす。予熱したオーブンで8〜10分焼く。

5. 天板ごと網にのせ、粗熱がとれたらラングドシャを網に直接のせて冷ます。

――― note ―――
・さっぱりとしたレモンとビターなチョコレートが相性抜群。
・チョコレートは5mm角を目安に刻む。大きいと口金に詰まる原因になる。

レモンとココナッツのブールドネージュ B

| 材料と下準備 | 直径2.5cm 約35個分 |

発酵バター（食塩不使用）… 65g
　>常温にもどす
レモンの皮 … 1/2個分
　>すりおろす
粉砂糖 … 20g + 60g
　>それぞれふるう
レモン果汁 … 小さじ1
A ┌ 薄力粉 … 75g
　├ コーンスターチ … 15g
　│　>合わせてふるう
　└ ココナッツファイン … 15g
　　　>混ぜ合わせる

＊天板にオーブン用シートを敷く。
＊オーブンはほどよいタイミングで160℃に予熱する。

| 作り方 |

1　ボウルにバターとレモンの皮を入れ、ハンドミキサーの低速でバターがなめらかになるまで10秒ほど混ぜる。
2　粉砂糖20gを加え、ハンドミキサーでスイッチを入れずに10回ほど大きく混ぜる。粉砂糖が少しなじんだら低速で10秒ほど混ぜ、高速にしてさらに1分30秒〜2分、全体が白っぽく、ふんわりとするまで混ぜる。レモン果汁を加え、低速で10秒ほど混ぜる。
3　Aを加え、片手でボウルを回しながら、ゴムべらで底から大きくすくい返すようにして全体を30回ほど混ぜる。粉けがほぼなくなったら、ボウルを回しながらゴムべらで押しつけるようにして全体を30回ほど混ぜる。
4　ラップで3を包んで厚さ2〜3cmにまとめ、冷蔵室で1〜2時間休ませる。
5　4を5gずつに分けて手で丸め、天板に2〜3cm間隔で並べ、予熱したオーブンで25分ほど焼く。
6　天板ごと網にのせて冷ます。バットに粉砂糖60gを広げ、ブールドネージュをバットに移して全体にまぶし、余分な粉砂糖を落として天板に戻す。しばらくおいて粉砂糖がなじんだら、もう一度バットに入れてまぶす。

— note —
・ココナッツファインのシャリシャリとした食感がアクセントに。
・レモン果汁が入るぶん、薄力粉の量を少し増やしている。

紅茶のクッキー レモンのアイシングがけ P

| 材料と下準備 | 3×2.5cmのシェル形 約50個分 |

発酵バター（食塩不使用）… 90g
　>常温にもどす
レモンの皮 … 1/2個分
　>すりおろし、バターに加えて混ぜ合わせる
塩 … ひとつまみ
粉砂糖 … 40g
　>ふるう
卵白 … 1/2個分（15g）
　>常温にもどし、フォークでほぐす
薄力粉 … 120g
　>ふるう
紅茶の茶葉（アールグレイ）… 大さじ1
　>ラップで包み、めん棒を転がして細かくする
アイシング
　┌ 粉砂糖 … 大さじ3
　└ レモン果汁 … 小さじ1弱

＊絞り出し袋に花口金（直径10mm）をつける。
＊天板にオーブン用シートを敷く。
＊オーブンはほどよいタイミングで160℃に予熱する。

| 作り方 |

1　P12〜13「基本の絞り出しクッキー」1〜6と同様に作る。ただし1でバニラビーンズは不要。4で薄力粉と同時に紅茶の茶葉を加える。5で生地はシェル形に絞り出す（P55「生地を絞る」参照）。6で天板ごと網にのせて冷ます。
2　アイシングを作る。ボウルに茶こしで粉砂糖をふるい入れ、レモン果汁を少しずつ加えながらスプーンなどでよく混ぜる。持ち上げるとゆっくりと落ち、落ちたあとが5〜6秒でなくなるくらいの硬さにする。
3　1が冷めたらオーブンを200℃に予熱する。スプーンで2のアイシングをクッキーにかけ、予熱したオーブンで30秒〜1分加熱し、天板ごと網にのせて乾かす。

— note —
・レモンティーをイメージした貝の形のクッキー。絞り方は好みの形でよい。
・アイシングは生地の絞り終わりの部分にかけるとかわいい。

クミンとナッツの塩味クッキー
PB →P42

塩味のクッキー

パートブリゼというタルト生地の一種を使います。
お酒によく合う、アペロにぴったりのクッキーたちです。

トマトとローズマリーの塩味クッキー
PB →P42

チーズとピンクペッパーの塩味クッキー
PB →P43

カレーの塩味クッキー
PB →P43

クミンとナッツの塩味クッキー PB

[材料と下準備] 7×4cmの長方形 約12枚分

発酵バター（食塩不使用）… 50g
　>1cm角に切ってボウルに入れ、冷蔵室で冷やす
A[薄力粉 … 50g
 　強力粉 … 50g
　>合わせてふるう
グラニュー糖（微粒子）… 小さじ1/2
塩 … 小さじ1/4
クミンシード … 小さじ2と1/2
白すりごま … 小さじ1
全卵 … 1/2個分（25g）
　>冷蔵室で冷やし、直前にフォークでほぐす
アーモンド（ロースト済み）… 10g
　>粗く刻む
ピスタチオ（ロースト済み）… 10個
　>粗く刻む

＊天板にオーブン用シートを敷く。
＊オーブンはほどよいタイミングで180℃に予熱する。

[作り方]

1　バターが入ったボウルにA、グラニュー糖、塩、クミンシード、白すりごまを加え、カードで軽く混ぜて全体をなじませる。バターを切るようにして混ぜ合わせ、細かい粒状にする。

2　中央をあけて卵を2～3回に分けて加え、そのつど全体を切るようにして卵がなじむまで混ぜ合わせる。

3　アーモンドとピスタチオを加え、押しつけるようにまとめてから大まかに切り分け、再び押しつけるようにまとめ直す。これを3～4回繰り返し、粉けがなくなったらラップで包んで厚さ2～3cmにまとめ、冷蔵室で3時間以上休ませる。

4　3のラップをはずし、改めてラップ2枚で生地をはさみ、めん棒で25×20cm、厚さ3mmほどにのばす。まな板に移して包丁で周囲の四辺をきれいに切り落とし、7×4cmの長方形に切る。天板に1～2cm間隔で並べ、フォークで数か所に穴をあける。予熱したオーブンで20分ほど焼く。

5　天板ごと網にのせ、粗熱がとれたらクッキーを網に直接のせて冷ます。

―― note ――
・中東のミックススパイス「デュカ」をイメージしたクッキー。エスニックな香りが暑い季節にぴったり。
・アーモンドとピスタチオは好みのナッツで代用しても構わない。

トマトとローズマリーの塩味クッキー PB

[材料と下準備] 8×2.5cmの長方形 約18枚分

発酵バター（食塩不使用）… 50g
　>1cm角に切ってボウルに入れ、冷蔵室で冷やす
A[薄力粉 … 60g
 　強力粉 … 50g
　>合わせてふるう
グラニュー糖（微粒子）… 小さじ1/2
塩 … 小さじ1/4
ローズマリー … 2枝
　>葉を摘み、粗みじん切りにする
トマトペースト … 小さじ2と1/2
全卵 … 1/2個分（25g）
　>冷蔵室で冷やしてフォークでほぐし、トマトペーストに3～4回に分けて加え混ぜる
粗塩（粒が大きいもの）… 適量

＊天板にオーブン用シートを敷く。
＊オーブンはほどよいタイミングで180℃に予熱する。

[作り方]

1　バターが入ったボウルにA、グラニュー糖、塩、ローズマリーを加え、カードで軽く混ぜて全体をなじませる。バターを切るようにして混ぜ合わせ、細かい粒状にする。

2　中央をあけてトマトペーストと合わせた卵を2～3回に分けて加え、そのつど全体を切るようにして卵がなじむまで混ぜ合わせる。

3　押しつけるようにまとめてから大まかに切り分け、再び押しつけるようにまとめ直す。これを3～4回繰り返し、粉けがなくなったらラップで包んで厚さ2～3cmにまとめ、冷蔵室で3時間以上休ませる。

4　3のラップをはずし、改めてラップ2枚で生地をはさみ、めん棒で25×20cm、厚さ3mmほどにのばす。まな板に移して包丁で周囲の四辺をきれいに切り落とし、8×2.5cmの長方形に切る。天板に1～2cm間隔で並べ、フォークで数か所に穴をあけて、粗塩をふる。予熱したオーブンで20分ほど焼く。

5　天板ごと網にのせ、粗熱がとれたらクッキーを網に直接のせて冷ます。

―― note ――
・ワインにも合うトマト味。ローズマリーの香りが心地よい。

チーズとピンクペッパーの塩味クッキー PB

材料と下準備 7×5×5cmの三角形 約24枚分

発酵バター(食塩不使用)…50g
　>1cm角に切ってボウルに入れ、冷蔵室で冷やす
A ┌ 薄力粉…50g
　└ 強力粉…50g
　>合わせてふるう
グラニュー糖(微粒子)…小さじ1/2
塩…小さじ1/4
粉チーズ…小さじ2と1/2＋適量
全卵…1/2個分(25g)
　>冷蔵室で冷やし、直前にフォークでほぐす
ピンクペッパー…小さじ1と1/2

＊天板にオーブン用シートを敷く。
＊オーブンはほどよいタイミングで180℃に予熱する。

作り方

1 バターが入ったボウルにA、グラニュー糖、塩、粉チーズ小さじ2と1/2を加え、カードで軽く混ぜて全体をなじませる。バターを切るようにして混ぜ合わせ、細かい粒状にする。

2 中央をあけて卵を2〜3回に分けて加え、そのつど全体を切るようにして卵がなじむまで混ぜ合わせる。

3 ピンクペッパーを手でひねりつぶしながら加え、押しつけるようにまとめてから大まかに切り分け、再び押しつけるようにまとめ直す。これを3〜4回繰り返し、粉けがなくなったらラップで包んで厚さ2〜3cmにまとめ、冷蔵室で3時間以上休ませる。

4 3のラップをはずし、改めてラップ2枚で生地をはさみ、めん棒で25×20cm、厚さ3mmほどにのばす。まな板に移して包丁で周囲の四辺をきれいに切り落とし、5cm四方に切ってから斜め半分に切る。天板に1〜2cm間隔で並べ、フォークで数か所に穴をあけて粉チーズ適量をふる。予熱したオーブンで20分ほど焼く。

5 天板ごと網にのせ、粗熱がとれたらクッキーを網に直接のせて冷ます。

—— note ——
・ピンクペッパーの清涼感と粉チーズの塩けで食欲がそそられる。ところどころに見えるピンク色がかわいらしい。

カレーの塩味クッキー PB

材料と下準備 5cm四方 約12枚分

発酵バター(食塩不使用)…50g
　>1cm角に切ってボウルに入れ、冷蔵室で冷やす
A ┌ 薄力粉…50g
　│ 強力粉…50g
　└ カレー粉…小さじ1と1/2
　>合わせてふるう
グラニュー糖(微粒子)…小さじ1/2
塩…小さじ1/4
全卵…1/2個分(25g)
　>冷蔵室で冷やし、直前にフォークでほぐす
くるみ(ロースト済み)…15g
　>粗く刻む
粗びき黒こしょう…適量

＊天板にオーブン用シートを敷く。
＊オーブンはほどよいタイミングで180℃に予熱する。

作り方

1 バターが入ったボウルにA、グラニュー糖、塩を加え、カードで軽く混ぜて全体をなじませる。バターを切るようにして混ぜ合わせ、細かい粒状にする。

2 中央をあけて卵を2〜3回に分けて加え、そのつど全体を切るようにして卵がなじむまで混ぜ合わせる。

3 くるみを加え、押しつけるようにまとめてから大まかに切り分け、再び押しつけるようにまとめ直す。これを3〜4回繰り返し、粉けがなくなったらラップで包んで厚さ2〜3cmにまとめ、冷蔵室で3時間以上休ませる。

4 3のラップをはずし、改めてラップ2枚で生地をはさみ、めん棒で25×20cm、厚さ3mmほどにのばす。まな板に移して包丁で周囲の四辺をきれいに切り落とし、5cm四方に切る。天板に1〜2cm間隔で並べ、フォークで数か所に穴をあけて黒こしょうをふる。予熱したオーブンで20分ほど焼く。

5 天板ごと網にのせ、粗熱がとれたらクッキーを網に直接のせて冷ます。

—— note ——
・カレー粉のスパイシーな香りが夏向き。ビールにもよく合う。
・粗びき黒こしょうの代わりに粉チーズをふってもおいしい。

ココナッツのクッキー

ココナッツの甘さは夏の体に不思議としみ渡ります。
南国気分いっぱいの、ココナッツファインを使ったクッキーのレシピをご紹介します。

ココナッツとオレンジのクッキー
D →P46

ココナッツのムラング
M →P46

ココナッツクッキー
E →P47

ココナッツとオレンジのクッキー D

[材料と下準備] 直径6cm 10枚分

発酵バター(食塩不使用) … 50g
　＞常温にもどす
塩 … ひとつまみ
A┌ きび砂糖 … 25g
　└ グラニュー糖(微粒子) … 10g
　＞混ぜ合わせる
全卵 … 1/2個分(25g)
　＞常温にもどし、フォークでほぐす
B┌ 薄力粉 … 50g
　│ ベーキングパウダー … 小さじ1/4
　│　＞合わせてふるう
　└ ココナッツファイン … 30g
　＞混ぜ合わせる
C┌ オレンジピール(ダイス状) … 30g
　└ グランマルニエ … 大さじ1
　＞合わせて浸し、3時間～ひと晩おく

＊天板にオーブン用シートを敷く。
＊オーブンはほどよいタイミングで170℃に予熱する。

[作り方]

1 ボウルにバターと塩を入れ、泡立て器でバターがなめらかになるまで混ぜる。
2 Aを3回ほどに分けて加え、そのつど全体になじむまですり混ぜる。
3 卵を4～5回に分けて加え、そのつど全体になじむまで混ぜる。
4 Bを加え、片手でボウルを回しながら、ゴムべらで底から大きくすくい返すようにして全体を15～20回混ぜる。粉けがほぼなくなったらCを加え、ボウルを回しながらゴムべらで押しつけるようにして全体を20回ほど混ぜる。
5 天板にスプーンで4の1/10量ずつを5～6cm間隔で落とし、水で濡らしたスプーンの背で軽く押さえて平らにする。予熱したオーブンで18～20分焼く。
6 天板ごと網にのせ、粗熱がとれたらクッキーを網に直接のせて冷ます。

ココナッツファイン
熟したココやしの果肉を削って乾燥させ、粗い粉末状にしたもの。少し大きいココナッツロングを使用してもOK。

— note —
・ココナッツの甘みとオレンジピールの酸味とのバランスがよい。
・ココナッツファインが入るぶん、薄力粉の量を少し減らした。
・子ども用などにアルコールを抜きたい場合は、グランマルニエは使用しない。

ココナッツのムラング M

[材料と下準備] 直径1.5cmのしずく形 約110個分

メレンゲ
　│ 卵白 … 1個分(30g)
　│　＞冷蔵室で冷やす
　│ グラニュー糖(微粒子) … 25g
A│ 粉砂糖 … 30g
　│　＞ふるう
　└ ココナッツファイン … 15g
　＞混ぜ合わせる
ココナッツファイン … 適量

＊絞り出し袋に丸口金(直径7mm)をつける。
＊天板にオーブン用シートを敷く。
＊オーブンはほどよいタイミングで110℃に予熱する。

[作り方]

1 メレンゲを作る。ボウルに卵白を入れ、ハンドミキサーの高速で1分ほどほぐす。グラニュー糖を5～6回に分けて加え、そのつど高速で1分ほど泡立てる。きめが細かく、すくうとつのがぴんと立つくらいになったらOK。
2 Aを加え、片手でボウルを回しながら、ゴムべらで底から大きくすくい返すようにして全体を20～30回混ぜる。
3 絞り出し袋に2を入れ、天板の四隅にごく少量を絞り出し、オーブン用シートを留める。1cm間隔で直径1.5cmほどのしずく形に絞り出し、ココナッツファインをふる。予熱したオーブンで1時間ほど焼き、天板ごと網にのせて冷ます。

— note —
・南国テイストのムラング。独特の歯触り、やさしい甘さがくせになる。

ココナッツクッキー E

[材料と下準備] 6×4cmの波形長方形 約25枚分

発酵バター（食塩不使用）… 125g
  ＞常温にもどす
塩 … ひとつまみ
粉砂糖 … 60g
  ＞ふるう
全卵 … 1/2個分（25g）
  ＞常温にもどし、フォークでほぐす

A ┌ 薄力粉 … 185g
    ＞ふるう
  └ ココナッツファイン … 60g
    ＞混ぜ合わせる
ココナッツファイン … 適量

＊天板にオーブン用シートを敷く。
＊オーブンはほどよいタイミングで160℃に予熱する。

[作り方]

1. ボウルにバターと塩を入れ、泡立て器でバターがなめらかになるまで混ぜる。
2. 粉砂糖を2〜3回に分けて加え、そのつど全体になじむまですり混ぜる。
3. 卵を5回ほどに分けて加え、そのつど全体になじむまで混ぜる。
4. Aを加え、片手でボウルを回しながら、ゴムべらで底から大きくすくい返すようにして全体を30回ほど混ぜる。粉けがほぼなくなったら、ボウルを回しながらゴムべらで押しつけるようにして全体を30〜40回混ぜる。
5. ラップで4を包んで厚さ2〜3cmにまとめ、冷蔵室で1〜2時間休ませる。
6. 5をいくつかにちぎり、手で押しつぶしてやわらかくし、ひとつにまとめ直す。作業台と生地に打ち粉適量（分量外）をふり、めん棒で厚さ5mmほどにのばす。クッキー抜型（6×4cm・波形長方形）の切り口に打ち粉をつけながら生地を抜き、天板に2〜3cm間隔で並べる。残った生地はまとめ直し、同様にのばして抜き、天板に並べる。はけで表面に薄く水を塗り ⓐ、ココナッツファインを指で軽く押さえてなじませる ⓑ。予熱したオーブンで25分ほど焼く。
7. 天板ごと網にのせ、粗熱がとれたらクッキーを網に直接のせて冷ます。

— note —

・ココナッツファインを生地に混ぜ込むとさくさくに仕上がる。表面にもふって、風味と香ばしさをさらに強調した。
・ココナッツファインが入るぶん、薄力粉の量を少し減らした。

のせたり、はさんだり

フルーツやアイスクリームをのせたりはさんだりした、ちょっとリッチなクッキーです。
作ったらその場ですぐに召し上がれ。

チョコのクッキー パイナップルマリネのせ E

| 材料と下準備 | 直径6cmの花形 約45枚分 |

パイナップルマリネ
 パイナップル … 正味100g
 グラニュー糖(微粒子) … 小さじ1
 レモン果汁 … 小さじ1
 キルシュ … 小さじ1/2
 ローズマリー … 10cm
  >3等分に切る
発酵バター(食塩不使用) … 125g
 >常温にもどす
塩 … ひとつまみ
粉砂糖 … 60g
 >ふるう
全卵 … 1/2個分(25g)
 >常温にもどし、フォークでほぐす
薄力粉 … 210g
 >ふるう
製菓用チョコレート(スイート) … 35g
 >粗く刻む

＊天板にオーブン用シートを敷く。
＊オーブンはほどよいタイミングで160℃に予熱する。

作り方

1 パイナップルマリネを作る。パイナップルは厚さ5mmのいちょう切りにしてから繊維に沿って細切りにする。ボウルにローズマリー以外の材料をすべて入れてやさしく混ぜ、ローズマリーを加えて軽く混ぜ合わせる。ラップをして冷蔵室でひと晩おく。

2 P10〜11「基本の型抜きクッキー」1〜7と同様に作る。ただし1でバニラビーンズは不要。4でゴムべらで押しつけるようにして混ぜる前に、チョコレートを加える。6で生地は厚さ3mmほどにのばし、クッキー抜型は直径6cmの花形のものを使い、焼成時間は20分ほどにする。

3 2が冷めたら、1のパイナップルマリネをのせていただく。

— note —

・パイナップルマリネは混ぜるだけなので手軽。残ったら冷蔵室で3〜4日を目安に保存する。ヨーグルトに混ぜてもおいしい。
・プレゼントする場合は清潔な保存瓶などにクッキーとパイナップルマリネを別々に詰めて渡すとおしゃれ。
・子ども用に酒類を抜いて作りたい場合は、パイナップルマリネのキルシュは使用しなくてもよい。

ブッセのアイスクリームサンド

材料と下準備　直径5cm 約7個分

メレンゲ
　卵白 … 1個分(30g)
　　>冷蔵室で冷やす
　グラニュー糖(微粒子) … 25g
はちみつ … 小さじ1/2
卵黄 … 1個分(20g)
　薄力粉 … 20g
A アーモンドパウダー … 小さじ1と1/2
　コーンスターチ … 5g
　>合わせてふるう
粉砂糖 … 適量
好みのジャム(アプリコットなど) … 適量
アイスクリーム(バニラ) … 適量
ピスタチオ(ロースト済み) … 適量
　>細かく刻む

＊絞り出し袋に丸口金(直径12mm)をつける。
＊天板にオーブン用シートを敷く。
＊オーブンはほどよいタイミングで170℃に予熱する。

作り方

1　メレンゲを作る。ボウルに卵白を入れ、ハンドミキサーの高速で1分ほどほぐす。グラニュー糖を5〜6回に分けて加え、そのつど高速で1分ほど泡立てる。きめが細かく、すくうとつのがぴんと立つくらいになったらOK ⓐ。

2　はちみつを加えて高速で20秒ほど混ぜ、さらに卵黄を加えて全体になじむまで中速で5秒ほど混ぜ合わせる。

3　Aを加え、片手でボウルを回しながら、ゴムべらで底から大きくすくい返すようにして、粉けがなくなるまで全体を20回ほど混ぜる。

4　絞り出し袋に3を入れ、天板の四隅にごく少量を絞り出し、オーブン用シートを留める。クッキー抜型(直径5cm・丸)などの切り口に打ち粉適量(分量外)をつけてオーブン用シートに2〜3cm間隔で印をつけⓑ、その中に円形に絞り出すⓒ。茶こしで粉砂糖をふるいながら全体に2回かけるⓓ。予熱したオーブンで12〜13分焼き、オーブン用シートごと網にのせて冷ます。

5　4が冷めたらオーブン用シートからブッセをそっとはがし、1枚の底面にジャム、アイスクリーム、ピスタチオの順にのせ、もう1枚ではさむ。残りも同様に作る。

—≺ note ≻—

・天板ごと冷ますと余熱で火が入って硬くなるのでオーブン用シートの上で冷ます。

ラングドシャのサンド

さくさくのラングドシャで作る小さなサンドクッキーは、
かわいい形と食べやすさが魅力です。
ガナッシュやジャムと合わせました。

ラベンダーのラングドシャとガナッシュ L

> 材料と下準備　直径2.5cm 約30個分

ガナッシュ
　生クリーム（乳脂肪分35%）… 15ml
　水あめ … 3g
　製菓用チョコレート（ミルク）… 30g
　　>粗く刻む
　バター（食塩不使用）… 3g
　　>常温にもどす
発酵バター（食塩不使用）… 30g
　>常温にもどす
粉砂糖 … 15g
　>ふるう
メレンゲ
　卵白 … 1個分（30g）
　　>常温にもどす
　粉砂糖 … 15g
　　>ふるう
A ┌ 薄力粉 … 25g
　└ アーモンドパウダー … 5g
　>合わせてふるう
ラベンダー（ハーブティー用）… 適量

＊絞り出し袋に丸口金（直径9mm）をつける。
＊オーブン用シートにクッキー抜型などで直径2cmの円形の印を2cm間隔で描き、裏返して天板に敷く。
＊オーブンはほどよいタイミングで180℃に予熱する。

ラベンダー（ハーブティー用）
ハーブティー用にラベンダーの花を乾燥させたもの。独特のやさしい香り。

ⓐ　　　ⓑ

> 作り方

1　ガナッシュを作る。耐熱ボウルに生クリームと水あめを入れ、ラップをせずに電子レンジで10〜20秒加熱してスプーンで混ぜる。チョコレートを加えてそのまま30秒ほどおき、静かに混ぜて溶かす。バターを加え、よく混ぜ合わせるⓐ。粗熱がとれたら表面をラップで覆い、冷蔵室に入れる（寒い場合は常温におく）。
2　P18「基本のラングドシャ」1〜5と同様に作る。ただし4で絞り出した生地の上にラベンダーを散らす。
3　2が冷めたら1枚の底面にスプーンで1のガナッシュをのせⓑ、もう1枚ではさみ、軽く押さえる。残りも同様に作る。

― note ―
・ラベンダーは生地1個あたり5粒までが目安。多いと香りが強すぎる。
・ガナッシュの生クリームと水あめは様子を見ながら加熱し、煮立つ直前で取り出す。
・ガナッシュをはさむと生地が湿気やすいので、すぐに食べたほうがよい。

タイムのラングドシャとマーマレード L

> 材料と下準備　直径2.5cm 約30個分

発酵バター（食塩不使用）… 30g
　>常温にもどす
粉砂糖 … 15g
　>ふるう
メレンゲ
　卵白 … 1個分（30g）
　　>常温にもどす
　粉砂糖 … 15g
　　>ふるう
A ┌ 薄力粉 … 25g
　└ アーモンドパウダー … 5g
　>合わせてふるう
タイムの葉 … 小さじ1＋適量
　>小さじ1は粗みじん切りにする
マーマレード … 適量

＊絞り出し袋に丸口金（直径9mm）をつける。
＊オーブン用シートにクッキー抜型などで直径2cmの円形の印を2cm間隔で描き、裏返して天板に敷く。
＊オーブンはほどよいタイミングで180℃に予熱する。

> 作り方

1　P18「基本のラングドシャ」1〜5と同様に作る。ただし3で最後のAといっしょにタイムの葉小さじ1も加え混ぜる。4で絞り出した生地の上にタイムの葉適量を散らす。
2　1が冷めたら1枚の底面にスプーンでマーマレードをのせ、もう1枚ではさみ、軽く押さえる。残りも同様に作る。

― note ―
・マーマレードのほろ苦さとタイムの葉のさわやかさがとても夏っぽい。
・マーマレードがゆるい場合は小鍋で少し煮詰めてから冷ます。硬い場合や甘すぎる場合はレモン果汁を少し加え混ぜる。
・タイムの葉はローズマリーの葉で代用可。

さわやかなハーブのクッキー

夏らしくフレッシュハーブを用いたクッキーです。
生のまま生地に混ぜ込んでいるので、風味が強く出ます。

バジルとライムのクッキー G

材料と下準備 3cm四方 約46枚分

発酵バター（食塩不使用）… 90g
　>常温にもどす
ライムの皮 … 1/2個分
　>すりおろす
塩 … ひとつまみ
粉砂糖 … 45g
　>ふるう
卵黄 … 1個分(20g)
　>常温にもどし、フォークでほぐす
薄力粉 … 140g
　>ふるう
バジルの葉 … 3g
　>みじん切りにする

＊天板にオーブン用シートを敷く。
＊オーブンはほどよいタイミングで160℃に予熱する。

作り方

1. ボウルにバター、ライムの皮、塩を入れ、泡立て器でバターがなめらかになるまで混ぜる。
2. 粉砂糖を2～3回に分けて加え、そのつど全体になじむまですり混ぜる。
3. 卵黄を2回ほどに分けて加え、そのつど全体になじむまで混ぜる。
4. 薄力粉を加え、片手でボウルを回しながら、ゴムべらで底から大きくすくい返すようにして全体を20回ほど混ぜる。粉けがほぼなくなったらバジルの葉を加え、ボウルを回しながらゴムべらで押しつけるようにして全体を40回ほど混ぜる。
5. ラップで4を包んで厚さ2～3cmにまとめ、冷蔵室で1～2時間休ませる。
6. 5をいくつかにちぎり、手で押しつぶしてやわらかくする。ひとつにまとめ直し、カードで2等分に切る。作業台に打ち粉適量（分量外）をふり、それぞれ2.5cm角×長さ19cmほどの四角い棒状にしてラップで包み、冷凍室で1時間ほど休ませる。
7. 6を厚さ8mmに切り、天板に2～3cm間隔で並べ、予熱したオーブンで20～25分焼く。
8. 天板ごと網にのせ、粗熱がとれたらクッキーを網に直接のせて冷ます。

— note —

・ハーブと柑橘類は好相性。バジルとライムの香りであと味がさわやか。スパークリングワインや白ワインとも合う。

チョコミントクッキー G

材料と下準備 直径3cm 約64枚分

発酵バター（食塩不使用）… 90g
　>常温にもどす
塩 … ひとつまみ
粉砂糖 … 45g
　>ふるう
卵黄 … 1個分(20g)
　>常温にもどし、フォークでほぐす
薄力粉 … 140g
　>ふるう
チョコチップ … 40g
ミントの葉 … 3g＋適量
　>3gはみじん切りにする

＊天板にオーブン用シートを敷く。
＊オーブンはほどよいタイミングで160℃に予熱する。

作り方

1. ボウルにバターと塩を入れ、泡立て器でバターがなめらかになるまで混ぜる。
2. 粉砂糖を2～3回に分けて加え、そのつど全体になじむまですり混ぜる。
3. 卵黄を2回ほどに分けて加え、そのつど全体になじむまで混ぜる。
4. 薄力粉を加え、片手でボウルを回しながら、ゴムべらで底から大きくすくい返すようにして全体を20回ほど混ぜる。粉けがほぼなくなったらチョコチップとミントの葉3gを加え、ボウルを回しながらゴムべらで押しつけるようにして全体を40回ほど混ぜる。
5. ラップで4を包んで厚さ2～3cmにまとめ、冷蔵室で1～2時間休ませる。
6. 5をいくつかにちぎり、手で押しつぶしてやわらかくする。ひとつにまとめ直し、カードで2等分に切る。作業台に打ち粉適量（分量外）をふり、それぞれ直径2.5cm×長さ26cmほどの細い円柱状にしてラップで包み、冷凍室で1時間ほど休ませる。
7. 6を厚さ8mmに切って天板に2～3cm間隔で並べ、ミントの葉適量をのせて軽く押さえる。予熱したオーブンで20～25分焼く。
8. 天板ごと網にのせ、粗熱がとれたらクッキーを網に直接のせて冷ます。

— note —

・夏の定番、チョコミント。ミントの葉の爽快感とチョコチップの甘みが絶妙。
・生地がカットしにくい場合はブレッドナイフを使うと切りやすい。

アイシングと生地の絞り方
Décorer vos gâteaux

クッキーを華やかに彩るテクニックです。
マスターすればお菓子作りの幅が広がります。

🍀 アイシング

焼き菓子などのデコレーションに使われる砂糖衣のことで、乾燥を防ぐ役割もあります。
粉砂糖にレモン果汁などの液体を少しずつ加え混ぜれば完成。
使用法によって粉砂糖の量を変え、硬さを調整します。
ここでは基本的なものを紹介します。

材料	粉砂糖	：	液体（レモン果汁など）
やわらかめ（全面に塗る場合）	6	：	1
硬め（線状などにする場合）	7	：	1

作り方

1. ボウルに茶こし（量が多いときは万能こし器）で粉砂糖をふるい入れⓐ、レモン果汁を少しずつ加えながらスプーンなどでよく混ぜるⓑ。
2. 持ち上げるとゆっくりと落ちⓒ、やわらかめにする場合は落ちたあとが2～3秒、硬めにする場合は5～6秒でなくなるくらいの硬さにする。
3. はけでクッキーの表面に薄く塗りⓓ、200℃に予熱したオーブンで30秒～1分加熱し、天板ごと網にのせて乾かすⓔ。

粉砂糖をふるうことでだまになるのを防ぐ。

一度に混ぜようとするとだまになるので、必ず少しずつなじませていく。

使用法によって硬さが異なるので、ここでしっかり確認する。

全面に塗る場合ははけを、線状にしたり文字を描いたりする場合はスプーンなどを使う。

軽く加熱してアイシングを乾燥させる。オーブンから出したばかりのときはゆるいので、天板ごと網にのせて冷まます。自然乾燥でもよいが、時間がかかる。

❁ 生地を絞る

絞り出しクッキー**P**、ラングドシャ**L**、ムラング**M**では絞り出し袋を使います。口金、絞り出す形は好みで変えて構いませんが、さまざまな形が作れるようになると、クッキー作りがますます楽しくなります。

| 道具 |

絞り出し袋　繰り返し洗って使えるナイロン製（右）や使い捨てで衛生的なポリエチレン製（左）がある。絞り出しクッキーは生地が重いので丈夫なナイロン製がおすすめ。長さ30cmほどのものが使いやすい。

口金　本書で使用した丸口金（上）は7mm（ムラング）、9mm（ラングドシャ）、12mm（ブッセ、マカロンアランシエンヌ）。花口金（下）は7mmと10mm（ともに絞り出しクッキー）。

| 下準備 |

1. 絞り出し袋に口金を入れ、先端を切り落とすⓐ。
2. 袋を軽くねじって口金に押し込みⓑ、口金の先端が1/4〜1/3ほど出るようにする。
3. 袋の口を折り返して片手で持ち、ゴムべらで生地を静かに入れるⓒ。折り返しを元に戻し、カードで生地を口金に寄せるⓓ。
4. 利き手の親指と人差し指で袋の口をはさんでから軽くねじり、上から包み込むように持つ。もう一方の手で口金を支えるⓔ。
5. 絞り出し袋を天板に垂直になるように持ち、好みの形に絞るⓕ。絞り始めは力を入れ、絞り終わりは力を抜くようにするとよい。

ⓐ 口金が抜けない程度のところで切る。

ⓑ 流し入れた生地が出てしまわないようにねじって押し込み、しっかりセットする。ⓐとⓑでは見やすいよう透明な袋を使用。

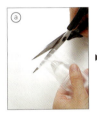

ⓒ 絞り出しクッキーの生地は全量ではなく1/2量ずつ入れると絞りやすい。

ⓓ 生地がスムーズに絞り出せるようにカードで口金側に寄せる。空気が入らないよう注意。

ⓔ 無駄な力を入れず、やさしく持つ。袋の上のほうからやさしく押し出すように絞る。袋の横から押さえつけると手の熱で生地がだれる原因になるのでNG。

ⓕ 天板からは少し浮かせた状態で絞り始める。急ぐ必要はないので、ゆっくり作業すること。

| 絞り方 |

円形＿中心に絞り出し、「の」の字を描くように絞る。最後はいったん止めて、力を抜き、すっと横に引く。

シェル形＿中心に絞り出し、絞り出し袋を少し浮かせながら奥に移動させ、さらに手前に引き寄せるように絞る。

リング形＿立体的になるように円を描き、リング状に絞る。絞り始めまできたら、すっと横に引く。

ハート形＿絞り終わりを合わせるように角度をつけてシェル形を2つ絞ってハート形にする。ふくらみのある部分は、高さを出すようにするとバランスがよい。

波形＿絞りながら右→左下→右という動きを数回繰り返し、波の模様に絞る。厚みが出ないように絞るときれいに焼き上がる。

チュイル
Etc. →P58

Automne
秋の滋味深いクッキー

紅茶のラングドシャ
L →P58

きび砂糖と
ナッツのクッキー
G →P59

リュスティックな

秋らしく素朴なクッキーを集めました。
生地の風味ややさしい甘さがストレートに伝わってくる、
飽きのこないクッキーたちです。

マカロンアランシエンヌ
Etc. →P59

チュイル Etc.

材料と下準備 直径6cm 約11枚分

グラニュー糖(微粒子) … 40g
薄力粉 … 10g
　>ふるう
アーモンドスライス(ロースト済み)
　… 55g
卵白 … 1個分(30g)
　>常温にもどし、フォークでほぐす
バニラビーンズ … 1/4本
　>ナイフでさやを裂き、種をこそげ取って、卵白に加えて混ぜる
発酵バター(食塩不使用) … 25g
　>耐熱ボウルに入れて電子レンジで1分ほど加熱して溶かし、常温に冷ます

＊天板にオーブン用シートを敷く。
＊オーブンはほどよいタイミングで170℃に予熱する。

作り方

1 ボウルにグラニュー糖、薄力粉、アーモンドスライスを入れ、ゴムべらでさっと混ぜる。
2 バニラビーンズと合わせた卵白を3回ほどに分けて加え、そのつど全体になじむまで静かに混ぜるⓐ。
3 バターを2～3回に分けて加え、そのつど全体になじむまで混ぜる。表面を覆うようにラップをして、冷蔵室でひと晩休ませるⓑ。
4 3をもう一度ゴムべらで混ぜる。天板の四隅にスプーンで生地をごく少量つけて、オーブン用シートを留めるⓒ。3の大さじ1弱ずつを7～8cm間隔で落としⓓⓔ、水で濡らしたフォークの背で直径6cmの円形に広げるⓕ。予熱したオーブンで15分ほど焼く。
5 4が熱いうちにパレットナイフで1枚ずつはがしてⓖめん棒などにのせ、パレットナイフと手で軽く押さえてカーブに沿わせるⓗ。形がついたら網にのせて冷ますⓘ。

— note —

・チュイルはフランス語で「瓦」のこと。この独特のカーブから名づけられた。
・生地を冷蔵室で休ませるとなめらかになり、広げやすくなる。
・カーブをつける際は生地が熱いのでやけどに注意する。割れやすいので無理に曲げないこと。カーブはつけなくても構わない。
・5では直径3cmのめん棒を使用。空き瓶などで代用してもOK。

紅茶のラングドシャ L

材料と下準備 直径2.5cm 約60枚分

発酵バター(食塩不使用) … 30g
　>常温にもどす
粉砂糖 … 15g
　>ふるう
メレンゲ
　卵白 … 1個分(30g)
　　>常温にもどす
　粉砂糖 … 15g
　　>ふるう
A ┌ 薄力粉 … 25g
　└ アーモンドパウダー … 5g
　>合わせてふるう
紅茶の茶葉(アールグレイ)
　… 小さじ1と1/2
　>ラップで包み、めん棒を転がして細かくする

＊絞り出し袋に丸口金(直径9mm)をつける。
＊オーブン用シートにクッキー抜型などで直径2cmの円形の印を2cm間隔で描き、裏返して天板に敷く。
＊オーブンはほどよいタイミングで180℃に予熱する。

作り方

1 P18「基本のラングドシャ」1～5と同様に作る。ただし3で最後のAといっしょに紅茶の茶葉も加え混ぜる。

— note —

・紅茶の茶葉は好みのもので構わない。やわらかいもののほうが口あたりがよい。
・ミルクチョコレートのガナッシュ(P51参照)や好みのジャムをサンドしてもおいしい。

きび砂糖とナッツのクッキー

| 材料と下準備 | 3cm四方 約52枚分 |

発酵バター(食塩不使用)… 90g
 >常温にもどす
塩 … ひとつまみ
きび砂糖 … 45g
卵黄 … 1個分(20g)
 >常温にもどし、フォークでほぐす
薄力粉 … 140g
 >ふるう
くるみ(ロースト済み) … 20g
 >粗く刻む
アーモンド(ロースト済み) … 10g
 >粗く刻む
ピスタチオ(ロースト済み) … 10g
 >粗く刻む
グラニュー糖 … 適量

＊天板にオーブン用シートを敷く。
＊オーブンはほどよいタイミングで160℃に予熱する。

作り方

1　P8〜9「基本のアイスボックスクッキー」1〜8と同様に作る。ただし1でバニラビーンズは不要。2で粉砂糖の代わりにきび砂糖を加える。4でゴムべらで押しつけるようにして混ぜる前に、くるみ、アーモンド、ピスタチオを加える。6で2等分にした生地はそれぞれ2.5cm角×長さ21cmほどの四角い棒状にする。

note

・きび砂糖で作るとこくが増し、素朴で懐かしい味わいになる。
・ナッツは好みのもので構わない。ロースト済みでない場合は、160℃に予熱したオーブンでくるみとアーモンドは15分ほど、ピスタチオは5分ほどローストし、粗熱をとってから刻む。

マカロンアランシエンヌ

| 材料と下準備 | 直径3cm 約45個分 |

メレンゲ
　卵白 … 1個分(30g)
　　>冷蔵室で冷やす
　グラニュー糖(微粒子) … 75g
アーモンドパウダー … 50g
　>ふるう
粉砂糖 … 適量

＊絞り出し袋に丸口金(直径12mm)をつける。
＊天板にオーブン用シートを敷く。
＊オーブンはほどよいタイミングで160℃に予熱する。

作り方

1　メレンゲを作る。ボウルに卵白を入れ、ハンドミキサーの高速で1分ほどほぐす。グラニュー糖を7〜8回に分けて加え、そのつど高速で1分ほど泡立てる。きめが細かく、すくうとつのがぴんと立つくらいになったらOK ⓐ。

2　アーモンドパウダーを加え、片手でボウルを回しながら、ゴムべらで底から大きくすくい返すようにして、粉けがなくなるまで全体を20回ほど混ぜる ⓑ ⓒ。

3　絞り出し袋に2を入れ ⓓ、天板の四隅にごく少量を絞り出し ⓔ、オーブン用シートを留める。クッキー抜型(直径3cm・丸)などの切り口に打ち粉適量(分量外)をつけてオーブン用シートに2〜3cm間隔で印をつけ ⓕ、その中に円形に絞り出す ⓖ。茶こしで粉砂糖をふるいながら全体に2回かけ ⓗ、予熱したオーブンで15分ほど焼く。

4　天板ごと網にのせて冷ます。

note

・表面はさくさく、中は少しねっとりとしていて不思議な食感。
・絞り出し袋がないときは生地をスプーンですくい、丸く落として焼いても問題ない。
・表面に裂け目が入り、裂け目が乾燥していたら焼き上がりのサイン ⓘ。

ハロウィン

ハロウィンといえばかぼちゃやおばけ。
かわいい抜型で作るクッキーや、
かぼちゃのクリームをはさんでいただく
クッキーを紹介します。

かぼちゃのクッキー E

材料と下準備 6×6cmのかぼちゃ形など約25枚分

- かぼちゃ … 正味130g
- 発酵バター(食塩不使用) … 125g
  - >常温にもどす
- 塩 … ひとつまみ
- 粉砂糖 … 75g
  - >ふるう
- 全卵 … 1/2個分(25g)
  - >常温にもどし、フォークでほぐす
- A ┌ 薄力粉 … 160g
  └ コーンスターチ … 50g
  - >合わせてふるう
- ココアパウダー … 適量

＊デコレーションをする場合は、抜型に合わせてオーブン用シートに目、鼻、口などを描いて切り抜く ⓐ。
＊天板にオーブン用シートを敷く。
＊オーブンはほどよいタイミングで160℃に予熱する。

作り方

1. かぼちゃは1cm角に切って耐熱ボウルに入れ、ふんわりとラップをして電子レンジで3分20秒ほど加熱する。やわらかくなったら、熱いうちにボウルで受けた万能こし器などで裏ごしをしてペースト状にする(正味100gになる)ⓑ。
2. P10〜11「基本の型抜きクッキー」1〜7と同様に作る。ただし1でバニラビーンズは不要。バターがなめらかになったら、1のかぼちゃを4〜5回に分けて加え、そのつど全体になじむまで混ぜる。4で薄力粉の代わりにAを加える。6でクッキー抜型は6×6cmのかぼちゃ形などを使い、天板に生地を並べたら、デコレーション用のオーブン用シートを静かに重ね、ココアパウダーを指で軽くはたく ⓒⓓⓔ。

note

- かぼちゃやおばけなどの抜型で作ると盛り上がる。
- かぼちゃペーストを加えると生地が重たくなるので、薄力粉の一部をコーンスターチに変えた。
- デコレーションのココアパウダーはうっすらとまぶす程度できれいに焼き上がる。

シナモンのクッキーとかぼちゃクリーム P

材料と下準備 4.5×3cmの波形 約20個分

- 発酵バター(食塩不使用) … 90g
  - >常温にもどす
- 塩 … ひとつまみ
- 粉砂糖 … 40g
  - >ふるう
- 卵白 … 1/2個分(15g)
  - >常温にもどし、フォークでほぐす
- A ┌ 薄力粉 … 120g
  └ シナモンパウダー … 小さじ1
  - >合わせてふるう
- ピスタチオ(ロースト済み) … 適量
  - >細かく刻む
- かぼちゃクリーム
  - かぼちゃ … 正味50g
  - マスカルポーネ … 50g
  - 粉砂糖 … 小さじ2

＊絞り出し袋に花口金(直径7mm)をつける。
＊天板にオーブン用シートを敷く。
＊オーブンはほどよいタイミングで160℃に予熱する。

作り方

1. P12〜13「基本の絞り出しクッキー」1〜6と同様に作る。ただし1でバニラビーンズは不要。4で薄力粉の代わりにAを加える。5で生地を絞り出す前にクッキー抜型(4.5×3cm・波形長方形)などの切り口に打ち粉適量(分量外)をつけてオーブン用シートに2〜3cm間隔で印をつけ ⓐ、その中に波形に絞り出し(P55「生地を絞る」参照)ⓑ、ピスタチオを散らして、焼成時間は20分ほどにする。
2. かぼちゃクリームを作る。かぼちゃは1cm角に切って耐熱ボウルに入れ、ふんわりとラップをして電子レンジで1分20秒ほど加熱する。やわらかくなったら、熱いうちにボウルで受けた万能こし器などで裏ごしをしてペースト状にする(正味40gになる)。
3. マスカルポーネを4〜5回に分けて加え、そのつど全体になじむまでゴムべらで混ぜる。粉砂糖を茶こしでふるいながら加え、混ぜ合わせる。
4. 1が冷めたら1枚の底面にスプーンで3のかぼちゃクリームをのせ、もう1枚ではさみ、軽く押さえる。残りも同様に作る。

note

- 生地を薄めに絞ったほうが食感がよくなる。
- 残ったかぼちゃクリームは冷蔵室で2〜3日保存可。ラム酒やブランデー少々を加えると大人向けになる。P30「ラム酒のポワソンダブリル風」の生地とも相性がよい。

キャラメルのクッキー

香ばしくてしっかり甘いキャラメル風味のクッキーは、落ち着いた秋の雰囲気によく合います。読書や映画鑑賞のお供にぜひ。

キャラメルクリームのサンドクッキー E

材料と下準備 直径5cmの花形 約30個分

キャラメルクリーム
　生クリーム（乳脂肪分45％）… 100ml
　グラニュー糖 … 80g
　水 … 小さじ2
　バニラビーンズ … 1/5本
　　＞ナイフでさやを裂き、種をこそげ取る（さやも使う）
　塩 … ひとつまみ

発酵バター（食塩不使用）… 125g
　＞常温にもどす
塩 … ひとつまみ
バニラビーンズ … 1/5本
　＞ナイフでさやを裂き、種をこそげ取る
粉砂糖 … 60g
　＞ふるう

全卵 … 1/2個分（25g）
　＞常温にもどし、フォークでほぐす
薄力粉 … 210g
　＞ふるう

＊天板にオーブン用シートを敷く。
＊オーブンはほどよいタイミングで160℃に予熱する。

作り方

1　P10〜11「基本の型抜きクッキー」1〜5と同様に作る。
2　キャラメルクリームを作る。耐熱ボウルに生クリームを入れ、ラップをせずに電子レンジで30秒ほど加熱する。
3　小さめのフライパンにグラニュー糖、水、バニラビーンズの種とさやを入れ、なるべく動かさずに中火で熱する。グラニュー糖の半分ほどが溶けたらフライパンを回してまんべんなく加熱し、完全に溶かす。
4　煮立って濃いキャラメル色になったらⓐ火を止め、ひと呼吸おいて、2の生クリームを2〜3回に分けて静かに加え、そのつどゴムべらでゆっくりと混ぜなじませる。塩を加えて混ぜ、耐熱容器に移し、常温において冷ます。
5　1をいくつかにちぎり、手で押しつぶしてやわらかくし、ひとつにまとめ直す。作業台と生地に打ち粉適量（分量外）をふり、めん棒で厚さ3mmほどにのばす。クッキー抜型（直径5cm・花）の切り口に打ち粉をつけながら生地を抜き、天板に2〜3cm間隔で並べる。1/2量はクッキー抜型（直径3cm・花）の切り口に打ち粉をつけながら中心を抜いてはがす。残った生地はまとめ直し（はがした生地もいっしょにまとめる）、同様にのばして抜き、天板に並べる。予熱したオーブンで20分ほど焼く。
6　天板ごと網にのせ、粗熱がとれたらクッキーを網に直接のせて冷ます。
7　6が冷めたら、中心を抜いていないクッキー1枚の底面にスプーンで4のキャラメルクリームをのせⓑ、中心を抜いたクッキー1枚ではさみ、軽く押さえる。残りも同様に作る。

— note —

・ほろ苦くて濃厚なキャラメルクリーム。バランスを考えて生地の厚さは3mmに。キャラメルクリームに粗く刻んだナッツを散らしてもおいしい。

キャラメルクッキー E

材料と下準備 9×4cmのペンギン形など約20枚分

キャラメルソース
　グラニュー糖 … 50g
　水 … 小さじ2
　熱湯 … 小さじ4
発酵バター（食塩不使用）… 100g
　＞常温にもどす
塩 … ひとつまみ
グラニュー糖（微粒子）… 50g
卵黄 … 1個分（20g）
　＞常温にもどし、フォークでほぐす
薄力粉 … 170g
　＞ふるう
グラニュー糖 … 適量

＊天板にオーブン用シートを敷く。
＊オーブンはほどよいタイミングで160℃に予熱する。

作り方

1　キャラメルソースを作る。小さめのフライパンにグラニュー糖と水を入れ、なるべく動かさずに中火で熱する。グラニュー糖の半分ほどが溶けたらフライパンを回してまんべんなく加熱し、完全に溶かす。
2　煮立って濃いキャラメル色になったら火を止める。ひと呼吸おいて、熱湯を2〜3回に分けて静かに加え、そのつどゴムべらでゆっくりと混ぜて全体になじませる。耐熱容器に移し、常温において冷ます。
3　P10〜11「基本の型抜きクッキー」1〜7と同様に作る。ただし1でバニラビーンズは不要。2で粉砂糖の代わりにグラニュー糖50gを加える。3で卵の代わりに卵黄を加え、卵黄がすべてなじんだら、2のキャラメルソースを2〜3回に分けて加え、そのつど全体になじむまで混ぜる。6でクッキー抜型は9×4cmのペンギン形などを使い、天板に生地を並べたら、はけで表面に薄く水を塗り、グラニュー糖適量を指で軽く押さえてなじませる。

— note —

・キャラメルソースをたっぷりと加えたクッキー。コーヒーや紅茶によく合う。
・トッピングのグラニュー糖は好みで。カリッと焼けて香ばしさが増す。

ナッツのクッキー

ナッツはクッキーの食感をより豊かにしてくれます。
秋に食べたくなるのは、しっかり甘くて、ざくざくと食べごたえのあるクッキーです。

ヘーゼルナッツとオレンジのフロランタン
F →P66

ヘーゼルナッツとメープルのクッキー
P →P67

アーモンドとコーヒーのクッキー
G →P66

ヘーゼルナッツとオレンジのフロランタン F

材料と下準備 10×7×7cmの三角形 約18個分

発酵バター(食塩不使用)…125g
　＞常温にもどす
塩…ひとつまみ
粉砂糖…50g
　＞ふるう
全卵…1/2個分(25g)
　＞常温にもどし、フォークでほぐす
A ┌ 薄力粉…185g
　└ ココアパウダー…25g
　＞合わせてふるう
アパレイユ
　｜ グラニュー糖…75g
　｜ バター(食塩不使用)…35g
　｜ 生クリーム(乳脂肪分45%)…35ml
　｜ はちみつ…25g
　｜ アーモンドスライス(ロースト済み)
　｜ 　…25g
　｜ ヘーゼルナッツ(ロースト済み)…75g
　｜ 　＞粗く刻む
　｜ オレンジピール(ダイス状)…30g

＊天板にオーブン用シートを敷く。
＊オーブンはほどよいタイミングで160℃に予熱する。

作り方

1　ボウルにバターと塩を入れ、泡立て器でバターがなめらかになるまで混ぜる。
2　粉砂糖を2～3回に分けて加え、そのつど全体になじむまですり混ぜる。
3　卵を5回ほどに分けて加え、そのつど全体になじむまで混ぜる。
4　Aを加え、片手でボウルを回しながら、ゴムべらで底から大きくすくい返すようにして全体を30回ほど混ぜる。粉けがほぼなくなったら、ボウルを回しながらゴムべらで押しつけるようにして全体を30～40回混ぜる。
5　ラップで4を包んで厚さ2～3cmにまとめ、冷蔵室で1～2時間休ませる。
6　5をいくつかにちぎり、手で押しつぶしてやわらかくし、ひとつにまとめ直す。作業台と生地に打ち粉適量(分量外)をふり、めん棒で25cm四方、厚さ5mmほどにのばす。めん棒に生地を少し巻き取って天板にのせ、フォークで全体に穴をあける。予熱したオーブンで10分ほど焼き、焼き上がったら天板ごと網にのせる。
7　オーブンを170℃に予熱しながらアパレイユを作る。小鍋にグラニュー糖、バター、生クリーム、はちみつを入れ、なるべく動かさずに弱火で熱する。バターが溶けてきたら鍋を揺すり、グラニュー糖を溶かす。煮立ってから1分ほど加熱してアーモンドスライス、ヘーゼルナッツ、オレンジピールを加え、ゴムべらでねっとりとするまで混ぜ続ける。
8　すぐに7のアパレイユを6の生地の上に周囲2cmほどを残して流し、ゴムべらで厚みが均一になるように表面をならす。予熱したオーブンで25分ほど焼く。
9　天板ごと網にのせ、温かいうちにオーブン用シートごとまな板に移す。包丁(あればブレッドナイフ)で周囲の四辺をきれいに切り落とし、上から押すようにして7cm四方に切ってから斜め半分に切る。網に直接のせて冷ます。

---- note ----

・アパレイユにオレンジピールも加えて華やかな味に。オレンジの風味をより楽しみたい場合は、生地用のバターにすりおろしたオレンジの皮1/2個分を加えてもおいしい。

アーモンドとコーヒーのクッキー G

材料と下準備 直径3cm 約62枚分

発酵バター(食塩不使用)…90g
　＞常温にもどす
塩…ひとつまみ
粉砂糖…45g
　＞ふるう
卵黄…1個分(20g)
　＞常温にもどし、フォークでほぐす
薄力粉…140g
　＞ふるう
インスタントコーヒー(顆粒)
　…小さじ2と1/2
　＞スプーンの背で細かくつぶす
アーモンドスライス(ロースト済み)
　…40g
グラニュー糖…適量

＊天板にオーブン用シートを敷く。
＊オーブンはほどよいタイミングで160℃に予熱する。

作り方

1　P8～9「基本のアイスボックスクッキー」1～8と同様に作る。ただし1でバニラビーンズは不要。4でゴムべらで押しつけるようにして混ぜる前に、インスタントコーヒーとアーモンドスライスを加える。6で2等分にした生地はそれぞれ直径2.5cm×長さ25cmほどの細い円柱状にする。

---- note ----

・コーヒーのほどよい苦みにアーモンドの香ばしさが加わった秋らしい組み合わせ。
・アーモンドスライスは混ぜ込むときに割れても問題ない。

ヘーゼルナッツとメープルのクッキー P

| 材料と下準備 | 直径4cm 約15個分

発酵バター（食塩不使用）… 50g
　＞常温にもどす
塩 … ひとつまみ
メープルシュガー … 25g
全卵 … 1/2個分（25g）
　＞常温にもどし、フォークでほぐす
A ┌ 薄力粉 … 65g
　└ ヘーゼルナッツパウダー … 10g
　＞合わせてふるう
ナッツのシロップあえ
　メープルシュガー … 大さじ1
　　＞湯小さじ1で溶く
　ヘーゼルナッツ（ロースト済み）… 10g
　　＞粗く刻む
　アーモンドスライス（ロースト済み）… 10g
　＞混ぜ合わせる ⓐ
アイシング
　粉砂糖 … 大さじ3
　メープルシュガー … 小さじ2
　　＞湯小さじ1で溶く

＊絞り出し袋に花口金（直径10mm）をつける。
＊天板にオーブン用シートを敷く。
＊オーブンはほどよいタイミングで160℃に予熱する。

| 作り方

1　ボウルにバターと塩を入れ、泡立て器でバターがなめらかになるまで混ぜる。
2　メープルシュガーを3回ほどに分けて加え、そのつど全体になじむまですり混ぜる。
3　卵を4〜5回に分けて加え、そのつど全体になじむまで混ぜる。
4　Aを加え、片手でボウルを回しながら、ゴムべらで底から大きくすくい返すようにして全体を20回ほど混ぜる。粉けがほぼなくなったら、ボウルを回しながらゴムべらで押しつけるようにして全体を20回ほど混ぜる。
5　絞り出し袋に4の1/2量を入れ、天板の四隅にごく少量を絞り出し、オーブン用シートを留める。クッキー抜型（直径4cm・丸）などの切り口に打ち粉適量（分量外）をつけてオーブン用シートに2〜3cm間隔で印をつけ、その中に円形に絞り出す。残りも同様にする。水で濡らした指で中心を軽く押さえてくぼませ、ナッツのシロップあえをのせる。予熱したオーブンで20〜25分焼き、天板ごと網にのせて冷ます。
6　アイシングを作る。ボウルに茶こしで粉砂糖をふるい入れ、湯で溶いたメープルシュガーを少しずつ加えながらスプーンなどでよく混ぜる。持ち上げるとゆっくりと落ち、落ちたあとが5〜6秒でなくなるくらいの硬さにする。
7　5が冷めたらオーブンを200℃に予熱する。スプーンで6のアイシングをクッキーに線状にかける。予熱したオーブンで30秒〜1分加熱し、天板ごと網にのせて乾かす。

メープルシュガー

別名かえで糖。サトウカエデの樹液を濃縮し、水分を蒸発させたもの。濃縮しただけのものがメープルシロップ。

― note ―

・メープルシュガーを使った素朴で気取らない味のクッキー。
・ナッツをシロップあえてからのせて焼くことで、キャラメリゼしたかのような豊かな甘さと食感がプラスされる。
・ヘーゼルナッツパウダーがあったほうが風味は増すが、なければ薄力粉を75gにする。全卵を使って秋向けにしっかり感を出した。

大人のドロップクッキー

秋の夜長にリラックスして食べたい、
洋酒の風味香る大人向けのクッキー。
食感にもひと工夫して、
食べごたえある仕上がりです。

ラムレーズンのクッキー

材料と下準備　直径6cm 10枚分

ラムレーズン
- ドライレーズン … 30g
- ラム酒 … 大さじ1

発酵バター（食塩不使用）… 50g
> 常温にもどす

塩 … ひとつまみ

A
- きび砂糖 … 25g
- グラニュー糖(微粒子) … 10g
> 混ぜ合わせる

全卵 … 1/2個分(25g)
> 常温にもどし、フォークでほぐす

B
- 薄力粉 … 60g
- ベーキングパウダー … 小さじ1/4
> 合わせてふるう

＊天板にオーブン用シートを敷く。
＊オーブンはほどよいタイミングで170℃に予熱する。

作り方

1 ラムレーズンを作る。ドライレーズンは熱湯をかけて水けをきり ⓐ、ペーパータオルで水けを拭き取る。ラム酒と合わせて3時間〜ひと晩おく ⓑ。汁けがある場合はきる。

2 ボウルにバターと塩を入れ、泡立て器でバターがなめらかになるまで混ぜる。

3 Aを3回ほどに分けて加え、そのつど全体になじむまですり混ぜる。

4 卵を4〜5回に分けて加え、そのつど全体になじむまで混ぜる。

5 Bを加え、片手でボウルを回しながら、ゴムべらで底から大きくすくい返すようにして全体を15〜20回混ぜる。粉けがほぼなくなったら1のラムレーズンを加え、ボウルを回しながらゴムべらで押しつけるようにして全体を20回ほど混ぜる。

6 天板にスプーンで5の1/10量ずつを5〜6cm間隔で落とし、水で濡らしたスプーンの背で軽く押さえて平らにする。予熱したオーブンで18〜20分焼く。

7 天板ごと網にのせ、粗熱がとれたらクッキーを網に直接のせて冷ます。

— note —

- この本の中でも特におすすめのクッキー。ラム酒で生地がしっとりとし、香りも上品。ざくざくとした食感もくせになる。
- 子ども用に酒類を抜きたい場合は、ドライレーズンはラム酒に漬けなくてもよい。代わりにチョコレートやナッツを加えると風味が補える。

いちじくとコーンフレークのクッキー

材料と下準備　直径6cm 10枚分

ドライいちじく … 30g

ブランデー … 大さじ1

発酵バター（食塩不使用）… 50g
> 常温にもどす

塩 … ひとつまみ

A
- きび砂糖 … 25g
- グラニュー糖(微粒子) … 10g
> 混ぜ合わせる

全卵 … 1/2個分(25g)
> 常温にもどし、フォークでほぐす

B
- 薄力粉 … 60g
- ベーキングパウダー … 小さじ1/4
> 合わせてふるう

コーンフレーク（プレーン）… 20g

＊天板にオーブン用シートを敷く。
＊オーブンはほどよいタイミングで170℃に予熱する。

作り方

1 ドライいちじくは熱湯をかけて表面をふやかし、水けをきって1cm角に切る。ブランデーと合わせて3時間〜ひと晩おく。汁けがある場合はきる。

2 P14「基本のドロップクッキー」1〜6と同様に作る。ただし4でアーモンドとチョコレートの代わりに1のドライいちじくを加え、ゴムべらで押しつけるようにして混ぜた後にコーンフレークを加え、全体を2〜3回混ぜる。

コーンフレーク（プレーン）

とうもろこしの胚乳から作ったもの。甘みのないプレーンタイプを使用。

— note —

- ざくざくのコーンフレーク、プチプチとしたドライいちじくの2つの食感が楽しい。
- 子ども用に酒類を抜きたい場合は、ドライいちじくはブランデーに漬けなくてもよい。

秋の型抜きクッキーのサンド

秋ならではの濃厚なクリームをサンドしたクッキー。
ちょっとしたケーキくらいの満足感が得られます。

マロンクリームサンド E

材料と下準備 5×3.5cmの波形長方形 約35個分

発酵バター（食塩不使用）… 125g
> 常温にもどす

塩 … ひとつまみ

マロンペースト … 100g
> 混ぜて硬さを均一にする

粉砂糖 … 50g
> ふるう

全卵 … 1/2個分(25g)
> 常温にもどし、フォークでほぐす

A ┌ 薄力粉 … 160g
　└ アーモンドパウダー … 50g
> 合わせてふるう

マロンペースト

SABATONのものを使用。ペースト状にした栗とマロングラッセに砂糖やバニラを加えて煮詰めたもの。

マロンクリーム

マロンペースト … 140g
バター（食塩不使用）… 30g
> 常温にもどす

粉砂糖 … 小さじ1弱
牛乳 … 小さじ1と1/2
ラム酒 … 小さじ1弱

カシスジャム … 適量

＊天板にオーブン用シートを敷く。
＊オーブンはほどよいタイミングで160℃に予熱する。

--- note ---
・カシスジャムを手作りする場合は、鍋にカシス（冷凍）50g、グラニュー糖15g、水小さじ1を入れて煮詰める。
・マロンクリームのラム酒はなくてもOK。

作り方

1. P10〜11「基本の型抜きクッキー」1〜7と同様に作る。ただし1でバニラビーンズは不要。2で粉砂糖を加える前にマロンペーストを5回ほどに分けて加え、そのつど全体になじむまで混ぜる。4で薄力粉の代わりにAを加える。6で生地は厚さ3mmほどにのばし、クッキー抜型は5×3.5cmの波形長方形のものを使い、焼成時間は20分ほどにする。

2. マロンクリームを作る。ボウルにマロンペーストを入れ、ゴムべらで混ぜて硬さを均一にする。バター、粉砂糖、牛乳、ラム酒の順に加え、そのつどよく混ぜ合わせる。

3. 1が冷めたら1枚の底面にスプーンで2のマロンクリームとカシスジャムを順にのせⓐ、もう1枚の底面にも2のマロンクリームを薄く塗ってはさみ、軽く押さえる。残りも同様に作る。

クランベリーのバタークリームサンド E

材料と下準備 直径5cmの花形 約18個分

バタークリーム
　ドライクランベリー … 60g
　キルシュ … 大さじ2
　製菓用チョコレート（ホワイト）
　　… 60g
　> 粗く刻む
　バター（食塩不使用）… 80g
　> 常温にもどす

発酵バター（食塩不使用）… 125g
> 常温にもどす

塩 … ひとつまみ

粉砂糖 … 60g
> ふるう

全卵 … 1/2個分(25g)
> 常温にもどし、フォークでほぐす

薄力粉 … 210g
> ふるう

アーモンドスライス（ロースト済み）… 40g

＊天板にオーブン用シートを敷く。
＊オーブンはほどよいタイミングで160℃に予熱する。

作り方

1. ドライクランベリーは熱湯をかけて水けをきり、ペーパータオルで水けを拭き取る。キルシュと合わせて3時間〜ひと晩おく。汁けがある場合はきる。

2. P10〜11「基本の型抜きクッキー」1〜7と同様に作る。ただし1でバニラビーンズは不要。4でゴムべらで押しつけるようにして混ぜる前に、アーモンドスライスを加える。6でクッキー抜型は直径5cmの花形のものを使う。

3. 2で生地を休ませているあいだにバタークリームを作る。耐熱ボウルにチョコレートを入れ、湯せんにかけて混ぜながら溶かすⓐ。湯せんからはずし、常温に冷ます。

4. 別のボウルにバターを入れ、ハンドミキサーの高速で空気を含ませるように1分ほど混ぜる。全体が白っぽくなったら、3のチョコレートを3回ほどに分けて加え、そのつど中速で30秒ほど混ぜる。

5. 1のドライクランベリーを加え、ゴムべらでしっかりと混ぜ合わせるⓑ。ラップをして冷蔵室に入れる。

6. 2が冷めたら1枚の底面にスプーンで5のバタークリームをのせ、もう1枚ではさみ、軽く押さえる。残りも同様に作る。

--- note ---
・いったん冷やすとクッキーがしっとりしておいしい。ドライクランベリーの代わりにラムレーズンでもよい。
・残ったバタークリームは2週間ほど冷凍保存可。

和風のブールドネージュ

どこか和菓子のような雰囲気もあるブールドネージュに、
和風な味つけをしてみました。
日本茶にもよく合うクッキー2種です。

黒ごまと黒砂糖のブールドネージュ B

材料と下準備 直径2.5cm 約40個分

発酵バター(食塩不使用)…65g
>常温にもどす

A
- 粉砂糖…10g
  >ふるう
- 黒砂糖(粉末)…10g

>混ぜ合わせる

B
- 薄力粉…70g
- コーンスターチ…15g
- アーモンドパウダー…15g
- 黒すりごま…15g

>合わせてふるう

C
- 粉砂糖…60g
- 黒すりごま…大さじ2

>合わせてふるう

* 天板にオーブン用シートを敷く。
* オーブンはほどよいタイミングで160℃に予熱する。

作り方

1 ボウルにバターを入れ、ハンドミキサーの低速でバターがなめらかになるまで10秒ほど混ぜる。

2 Aを加え、ハンドミキサーでスイッチを入れずに10回ほど大きく混ぜる。Aが少しなじんだら低速で10秒ほど混ぜ、高速にしてさらに1分30秒〜2分、全体がふんわりとするまで混ぜる。

3 Bを加え、片手でボウルを回しながら、ゴムべらで底から大きくすくい返すようにして全体を30回ほど混ぜる。粉けがほぼなくなったら、ボウルを回しながらゴムべらで押しつけるようにして全体を30回ほど混ぜる。

4 ラップで3を包んで厚さ2〜3cmにまとめ、冷蔵室で1〜2時間休ませる。

5 4を5gずつに分けて手で丸め、天板に2〜3cm間隔で並べ、予熱したオーブンで25分ほど焼く。

6 天板ごと網にのせて冷ます。バットにCを広げ、ブールドネージュをバットに移して全体にまぶし、余分なCを落として天板に戻す。しばらくおいてCがなじんだら、もう一度バットに入れてまぶす。

— note —

・黒砂糖の独特の風味とこく、黒ごまの香ばしさで深みが出る。

きな粉のブールドネージュ B

材料と下準備 直径2.5cm 約35個分

発酵バター(食塩不使用)…65g
>常温にもどす

粉砂糖…20g
>ふるう

A
- 薄力粉…50g
- コーンスターチ…15g
- アーモンドパウダー…15g
- きな粉…20g

>合わせてふるう

B
- 粉砂糖…60g
- きな粉…10g

>合わせてふるう

* 天板にオーブン用シートを敷く。
* オーブンはほどよいタイミングで160℃に予熱する。

きな粉

大豆をいって粉末にしたもの。たんぱく質、食物繊維などが豊富。

作り方

1 ボウルにバターを入れ、ハンドミキサーの低速でバターがなめらかになるまで10秒ほど混ぜる。

2 粉砂糖を加え、ハンドミキサーでスイッチを入れずに10回ほど大きく混ぜる。粉砂糖が少しなじんだら低速で10秒ほど混ぜ、高速にしてさらに1分30秒〜2分、全体が白っぽく、ふんわりとするまで混ぜる。

3 Aを加え、片手でボウルを回しながら、ゴムべらで底から大きくすくい返すようにして全体を30回ほど混ぜる。粉けがほぼなくなったら、ボウルを回しながらゴムべらで押しつけるようにして全体を30回ほど混ぜる。

4 ラップで3を包んで厚さ2〜3cmにまとめ、冷蔵室で1〜2時間休ませる。

5 4を5gずつに分けて手で丸め、天板に2〜3cm間隔で並べ、予熱したオーブンで25分ほど焼く。

6 天板ごと網にのせて冷ます。バットにBを広げ、ブールドネージュをバットに移して全体にまぶし、余分なBを落として天板に戻す。しばらくおいてBがなじんだら、もう一度バットに入れてまぶす。

— note —

・きな粉のやさしい風味が口の中に広がる。
・プレゼントするときは紙カップなどに詰めてから菓子用のラッピング袋に入れると、汚れにくく、見た目にもかわいい。

くだものをのせてタルト風に

Sablés façon tarte aux fruits

型抜き生地にフレッシュフルーツをのせるだけで小さなタルトが作れます。
好みの組み合わせを見つけてみてください。

❀ フレッシュタルト

好みの型抜き生地を焼成して冷まし、好きなジャムを塗ってから、フレッシュフルーツ（ブルーベリーやラズベリーなど）をのせる。

---- note ----

・ジャムを塗るとくだものが固定され、形が崩れにくくなる。ジャムの種類はのせるくだものに合わせる。
・粉砂糖をふると見た目もかわいらしくなる。

🍀 焼きタルト

P10「基本の型抜きクッキー」、P62「キャラメルクッキー」、P77「シナモンのクッキーとラズベリージャム」、P85「ココアのクッキーとブルーベリージャム」の生地など、好みの型抜きクッキー生地を抜き、りんご、バナナ、いちじくや、くだもののシロップ煮などをのせ、きび砂糖をふり、160℃に予熱したオーブンで30分ほど焼く。好みで冷めたら粉砂糖をふる。

note

- くだものから水分が出るので、生地は5mm厚さにすると崩れにくい。
- オレンジや桃など、水分の多いものは避ける。いちご、プラム、あんずなどは問題ない。
- 焼くとくだものは水分が抜けてひと回り小さくなる。生地の縁ぎりぎりまでのせるくらいでちょうどよい。

クリスマスカラーのクッキー
D →P78

クリスマスのクッキー
しょうがを使ったクッキー、華やかなオーナメントやリース。
クリスマスにまつわるあれこれを、
クッキーで表現しました。

Hiver
冬を祝うクッキーたち

ココアのクッキー ジンジャーアイシングがけ
P →P78

シナモンのクッキーと
ラズベリージャム
E →P79

ジンジャーのクッキー
E →P79

Hiver | 77

クリスマスカラーのクッキー D

材料と下準備　直径6cm 10枚分

発酵バター（食塩不使用）… 50g
　>常温にもどす
塩 … ひとつまみ
ピーナッツバター（粗びき粒入り）… 50g
きび砂糖 … 30g
全卵 … 1/2個分（25g）
　>常温にもどし、フォークでほぐす
A ┌ 薄力粉 … 60g
　└ ベーキングパウダー … 小さじ1/4
　>合わせてふるう
ドレンチェリー（赤・緑）… 合わせて30g
　>粗く刻む
アーモンドスライス（ロースト済み）… 40g

＊天板にオーブン用シートを敷く。
＊オーブンはほどよいタイミングで170℃に予熱する。

作り方

1　ボウルにバターと塩を入れ、泡立て器でバターがなめらかになるまで混ぜる。
2　ピーナッツバターを2回ほどに分けて加え、そのつど全体になじむまで混ぜる。
3　きび砂糖を3回ほどに分けて加え、そのつど全体になじむまですり混ぜる。
4　卵を4〜5回に分けて加え、そのつど全体になじむまで混ぜる。
5　Aを加え、片手でボウルを回しながら、ゴムべらで底から大きくすくい返すようにして全体を15〜20回混ぜる。粉けがほぼなくなったらドレンチェリーとアーモンドスライスを加え、ボウルを回しながらゴムべらで押しつけるようにして全体を20回ほど混ぜる。
6　天板にスプーンで5の1/10量ずつを5〜6cm間隔で落とし、水で濡らしたスプーンの背で軽く押さえて平らにする。予熱したオーブンで18〜20分焼く。
7　天板ごと網にのせ、粗熱がとれたらクッキーを網に直接のせて冷ます。

ピーナッツバター

落花生をすりつぶし、砂糖や油などと練ったもの。粗びきピーナッツ入りを使用。

ドレンチェリー

さくらんぼの砂糖漬け。赤、緑、黄などに着色してあり、トッピングなどに用いられる。

— note —
・ドレンチェリーでクリスマスカラーに彩った。粉砂糖をふれば雪のようになる。
・混ぜるときにアーモンドスライスは少し形が残るくらいにしておくと食感よく仕上がる。

ココアのクッキー ジンジャーアイシングがけ P

材料と下準備　直径約4cmのリング形 約30個分

発酵バター（食塩不使用）… 90g
　>常温にもどす
塩 … ひとつまみ
粉砂糖 … 40g
　>ふるう
卵白 … 1/2個分（15g）
　>常温にもどし、フォークでほぐす
A ┌ 薄力粉 … 110g
　└ ココアパウダー … 10g
　>合わせてふるう
アイシング
　｜ 粉砂糖 … 45g
　｜ しょうがの絞り汁 … 小さじ2

＊絞り出し袋に花口金（直径7mm）をつける。
＊天板にオーブン用シートを敷く。
＊オーブンはほどよいタイミングで160℃に予熱する。

作り方

1　P12〜13「基本の絞り出しクッキー」1〜6と同様に作る。ただし1でバニラビーンズは不要。4で薄力粉の代わりにAを加える。5でクッキー抜型は直径4cmの丸形のものを使い、生地はリング形に絞り出す（P55「生地を絞る」参照）。6で天板ごと網にのせて冷ます。
2　アイシングを作る。ボウルに万能こし器で粉砂糖をふるい入れ、しょうがの絞り汁を少しずつ加えながらスプーンなどでよく混ぜる。持ち上げるとゆっくりと落ち、落ちたあとが2〜3秒でなくなるくらいの硬さにする。
3　1が冷めたらオーブンを200℃に予熱する。はけで2のアイシングをクッキーの表面の半分に薄く塗る。予熱したオーブンで30秒〜1分加熱し、天板ごと網にのせて乾かす。

— note —
・リースと雪をイメージしたクッキー。ほろ苦いココア生地にジンジャーのほのかな刺激。
・生地の大きさは好みで調整を。

シナモンのクッキーとラズベリージャム E

| 材料と下準備 | 直径5cmの花形 約30個分 |

発酵バター（食塩不使用）…125g
　>常温にもどす
塩…ひとつまみ
きび砂糖…60g
全卵…1/2個分(25g)
　>常温にもどし、フォークでほぐす
A ┌ 薄力粉…200g
　└ シナモンパウダー…大さじ2と1/2
　>合わせてふるう
アイシング
　粉砂糖…55g
　水…小さじ1と1/2
　キルシュ…小さじ1弱
ピスタチオ（ロースト済み）…適量
　>細かく刻む
カカオニブ（あれば）…適量
アーモンドダイス（ロースト済み）…適量
ラズベリージャム…適量

＊天板にオーブン用シートを敷く。
＊オーブンはほどよいタイミングで160℃に予熱する。

カカオニブ

ローストしたカカオ豆の外皮と胚芽を除き、粗く砕いたもの。ポリフェノールやカテキンなどを豊富に含む。

作り方

1. P10〜11「基本の型抜きクッキー」1〜7と同様に作る。ただし1でバニラビーンズは不要。2で粉砂糖の代わりにきび砂糖を加える。4で薄力粉の代わりにAを加える。6で生地は厚さ3mmほどにのばし、クッキー抜型（直径5cm・花）の切り口に打ち粉適量（分量外）をつけながら生地を抜きⓐ、天板に2〜3cm間隔で並べる。1/2量はクッキー抜型（直径3cm・花）の切り口に打ち粉をつけながら中心を抜いてはがすⓑ。焼成時間は20分ほどにする。7で天板ごと網にのせて冷ます。

2. アイシングを作る。ボウルに万能こし器で粉砂糖をふるい入れ、水とキルシュを少しずつ加えながらスプーンなどでよく混ぜる。持ち上げるとゆっくりと落ち、落ちたあとが2〜3秒でなくなるくらいの硬さにする。

3. 1が冷めたらオーブンを200℃に予熱する。中心を抜いたクッキーにはけで2のアイシングを表面に薄く塗り、すぐにピスタチオ、カカオニブ、アーモンドダイスを散らす。予熱したオーブンで30秒〜1分加熱し、天板ごと網にのせて乾かす。

4. 中心を抜いていないクッキー1枚の底面にスプーンでラズベリージャムをのせ、3のアイシングをしたクッキー1枚ではさみ、軽く押さえる。残りも同様に作る。

— note —

・エキゾチックな香りのクッキーと酸味のきいたラズベリージャムが絶妙なバランス。
・ラズベリージャムがゆるい場合は小鍋に入れ、少し煮詰めて冷ます。硬い場合や甘すぎる場合はレモン果汁を少し加え混ぜる。
・スイートチョコレートのガナッシュ（P90下参照）をはさんでもよく合う。

ジンジャーのクッキー E

| 材料と下準備 | 4.5×4cmのツリー形など約85枚分 |

発酵バター（食塩不使用）…125g
　>常温にもどす
塩…ひとつまみ
粉砂糖…60g
　>ふるう
全卵…1/2個分(25g)
　>常温にもどし、フォークでほぐす
しょうがのすりおろし…30g
はちみつ…小さじ2
薄力粉…210g
　>ふるう

＊天板にオーブン用シートを敷く。
＊オーブンはほどよいタイミングで160℃に予熱する。

作り方

1. P10〜11「基本の型抜きクッキー」1〜7と同様に作る。ただし1でバニラビーンズは不要。3で卵を混ぜた後に、しょうがのすりおろしとはちみつを加え、しっかりと混ぜる。6でクッキー抜型は4.5×4cmのツリー形などを使う。

— note —

・クリスマスのオーナメントなどに使われるジンジャークッキー。たっぷりのしょうがにはちみつも入ってやさしい味。

冬のくだもののクッキー

りんごや洋なし、みかんなど、
冬に旬を迎えるくだものをクッキーと組み合わせてみました。
ちょっとリッチなクッキーは、おもてなしにもぴったりです。

シナモンのクッキー
りんごの赤ワイン煮のせ
E →P82

みかんと八角の
ジャムのせクッキー
E →P82

キャラメルのクッキー
洋なしのコンポートのせ
E →P83

シナモンのクッキー りんごの赤ワイン煮のせ　E

材料と下準備　6.5×4cmの葉形 約60枚分

発酵バター（食塩不使用）… 125g
　＞常温にもどす
塩 … ひとつまみ
きび砂糖 … 60g
全卵 … 1/2個分（25g）
　＞常温にもどし、フォークでほぐす
A ┌ 薄力粉 … 200g
　└ シナモンパウダー … 大さじ2と1/2
　＞合わせてふるう
グラニュー糖 … 適量
りんごの赤ワイン煮
　│ りんご … 1個（正味200g）
　│ グラニュー糖 … 60g
　│ 赤ワイン … 25ml＋20ml
　│ レモン果汁 … 大さじ1と1/2
　│ シナモンパウダー … 小さじ1

＊天板にオーブン用シートを敷く。
＊オーブンはほどよいタイミングで160℃に予熱する。

作り方

1　P10〜11「基本の型抜きクッキー」1〜7と同様に作る。ただし1でバニラビーンズは不要。2で粉砂糖の代わりにきび砂糖を加える。4で薄力粉の代わりにAを加える。6で生地は厚さ3mmほどにのばし、クッキー抜型は6.5×4cmの葉形のものを使う。天板に生地を並べたら、はけで表面の半分に薄く水を塗り、グラニュー糖を指で軽く押さえてなじませる。焼成時間は20分ほどにする。

2　りんごの赤ワイン煮を作る。りんごは8等分のくし形切りにしてから厚さ1cmに切る。小鍋にりんご、グラニュー糖、赤ワイン25ml、レモン果汁を入れ、ときどき混ぜながら中火で煮る。グラニュー糖が溶けて汁けがなくなってきたら、赤ワイン20mlとシナモンパウダーを加える。汁けが少なくなり、とろみがついたら ⓐ耐熱容器に移し、常温において冷ます。

3　1が冷めたら、2のりんごの赤ワイン煮をのせていただく。

> note

・ヴァンショー（ホットワイン）をイメージしたクッキー。
・りんごは紅玉やふじなど、煮崩れしにくいものがおすすめ。グラニュー糖の量はりんごの正味重量の30％が目安。残った場合は冷蔵室で2週間ほどを目安に保存する。ヨーグルトなどに混ぜてもおいしい。

みかんと八角のジャムのせクッキー　E

材料と下準備　直径5cmの花形 約35枚分

発酵バター（食塩不使用）… 125g
　＞常温にもどす
塩 … ひとつまみ
粉砂糖 … 60g
　＞ふるう
全卵 … 1/2個分（25g）
　＞常温にもどし、フォークでほぐす
薄力粉 … 210g
　＞ふるう
アーモンドダイス（ロースト済み）… 40g
みかんジャム
　│ みかん … 2個（150g）
　│ グラニュー糖 … 25g＋20g
　│ レモン果汁 … 大さじ1
　│ 八角 … 1/2個

＊天板にオーブン用シートを敷く。
＊オーブンはほどよいタイミングで160℃に予熱する。

作り方

1　P10〜11「基本の型抜きクッキー」1〜5と同様に作る。ただし1でバニラビーンズは不要。4で薄力粉と同時にアーモンドダイスを加える。

2　みかんジャムを作る。みかんはよく洗ってペーパータオルで水けを拭き取り、皮をむいて身を2〜3房ずつに分ける。身は2〜3等分に切り、皮はせん切りにしてから長さ3cmに切るⓐ。

3　小鍋にみかんの身と皮、グラニュー糖25g、レモン果汁を入れ、ときどき混ぜながら中火で煮る。グラニュー糖が溶けてみかんの身から汁けが出てきたら、グラニュー糖20gと八角を加えて混ぜる。とろみがついたらⓑ耐熱容器に移し、常温において冷ます。

4　1をいくつかにちぎり、手で押しつぶしてやわらかくし、ひとつにまとめ直す。作業台と生地に打ち粉適量（分量外）をふり、めん棒で厚さ5mmほどにのばす。クッキー抜型（直径5cm・花）の切り口に打ち粉をつけながら生地を抜き、天板に2〜3cm間隔で並べる。残った生地はまとめ直し、同様にのばして抜き、天板に並べる。予熱したオーブンで25分ほど焼く。

5　天板ごと網にのせ、粗熱がとれたらクッキーを網に直接のせて冷ます。

6　5が冷めたら、3のみかんジャムをのせていただく。

> note

・みかんの甘みと八角の香りが意外なほどよく合う。八角がない場合はシナモンスティック1/2本やシナモンパウダー少々で代用してもよい。残ったら冷蔵室で2週間ほどを目安に保存する。

キャラメルのクッキー 洋なしのコンポートのせ

材料と下準備 6×3.5cmの洋なし形 約60枚分

キャラメルソース
　グラニュー糖 … 50g
　水 … 小さじ2
　熱湯 … 小さじ4
発酵バター（食塩不使用）… 100g
　>常温にもどす
塩 … ひとつまみ
グラニュー糖（微粒子）… 50g
卵黄 … 1個分(20g)
　>常温にもどし、フォークでほぐす

薄力粉 … 170g
　>ふるう
洋なしのコンポート
　洋なし（缶詰・半割り）… 300g
　洋なしの缶詰のシロップ … 100mℓ
　白ワイン … 100mℓ
　バニラビーンズ … 1/4本
　　>ナイフでさやを裂き、種をこそげ取る（さやも使う）
　レモン果汁 … 大さじ1
アーモンドスライス … 約60枚

＊天板にオーブン用シートを敷く。
＊オーブンはほどよいタイミングで160℃に予熱する。

洋なし（缶詰）

シロップに漬けた洋なしは食感もみずみずしく、製菓に最適。タルトなどでもよく使う。

作り方

1 キャラメルソースを作る。小さめのフライパンにグラニュー糖と水を入れ、なるべく動かさずに中火で熱する。グラニュー糖の半分ほどが溶けたらフライパンを回してまんべんなく加熱し、完全に溶かす。

2 煮立って濃いキャラメル色になったら火を止める。ひと呼吸おいて、熱湯を2〜3回に分けて静かに加え、そのつどゴムべらでゆっくりと混ぜて全体になじませる。耐熱容器に移し、常温において冷ます。

3 P10〜11「基本の型抜きクッキー」1〜5と同様に作る。ただし1でバニラビーンズは不要。2で粉砂糖の代わりにグラニュー糖を加える。3で卵の代わりに卵黄を加え、卵黄がすべてなじんだら2のキャラメルソースを2〜3回に分けて加え、そのつど全体になじむまで混ぜる。

4 洋なしのコンポートを作る。鍋に材料をすべて入れて弱火で熱し ⓐ、煮立ってきたら落としぶたをして ⓑ 15分ほど煮る。火を止め、そのまま粗熱をとる。

5 洋なしを取り出し、5mm角に切って耐熱ボウルに入れる ⓒ。

6 4の鍋を再び弱めの中火で熱し、全体が薄い茶色になり、1/3量ほどになるまで煮詰める ⓓ。5のボウルに加えて ⓔ ざっと混ぜ、そのまま粗熱をとり、ラップをして冷蔵室に入れる。

7 3をいくつかにちぎり、手で押しつぶしてやわらかくし、ひとつにまとめ直す。作業台と生地に打ち粉適量（分量外）をふり、めん棒で厚さ3mmほどにのばす。クッキー抜型（6×3.5cm・洋なし）の切り口に打ち粉をつけながら生地を抜き、天板に2〜3cm間隔で並べる。残った生地はまとめ直し、同様にのばして抜き、天板に並べる。指で右上に薄く水を塗り、アーモンドスライスを1枚ずつのせて、軽く押さえる。予熱したオーブンで20分ほど焼く。

8 天板ごと網にのせ、粗熱がとれたらクッキーを網に直接のせて冷ます。

9 8が冷めたら、6の洋なしのコンポートをのせていただく。

— note —

・洋なしのさっぱりとした甘さに、ほろ苦いキャラメルのクッキーがよく合う。
・洋なしのコンポートが残った場合は冷蔵室で4〜5日を目安に保存する。炭酸水で割ってもおいしい。
・洋なしは煮てから切ると形が崩れにくい。

ココアとチョコチップのムラング
M →P86

ココアとくるみのブールドネージュ
B →P87

チョコバナナクッキー
D →P86

バレンタインデー
チョコレート味のクッキーをさまざまな生地で揃えました。
クッキーはたくさんの人にプレゼントするのに最適です。

ココアのクッキーとブルーベリージャム
E →P87

ココアとチョコチップのムラング M

[材料と下準備] 直径1.5cmのしずく形 約110個分

メレンゲ
| 卵白 … 1個分(30g)
| >冷蔵室で冷やす
| グラニュー糖(微粒子) … 25g

A [粉砂糖 … 30g
  [ココアパウダー … 小さじ1と1/2
  >合わせてふるう

製菓用チョコレート(スイート) … 10g
  >細かく刻む

＊絞り出し袋に丸口金(直径7mm)をつける。
＊天板にオーブン用シートを敷く。
＊オーブンはほどよいタイミングで110℃に予熱する。

[作り方]

1 メレンゲを作る。ボウルに卵白を入れ、ハンドミキサーの高速で1分ほどほぐす。グラニュー糖を5〜6回に分けて加え、そのつど高速で1分ほど泡立てる。きめが細かく、すくうとつのがぴんと立つくらいになったらOK。

2 Aを加え、片手でボウルを回しながら、ゴムべらで底から大きくすくい返すようにして全体を20〜25回混ぜる。チョコレートを加え、同様に2〜3回混ぜる。

3 絞り出し袋に2を入れ、天板の四隅にごく少量を絞り出し、オーブン用シートを留める。1cm間隔で直径1.5cmほどのしずく形に絞り出す。予熱したオーブンで1時間ほど焼き、天板ごと網にのせて冷ます。

—◀ note ▶—

・チョコレートは形を残して食感のアクセントに。3mm角ほどがちょうどよい。大きすぎると口金に詰まる。
・ココアパウダーの油分でメレンゲの泡がつぶれやすいので手早く混ぜる。

チョコバナナクッキー D

[材料と下準備] 直径6cm 10枚分

発酵バター(食塩不使用) … 50g
  >常温にもどす

塩 … ひとつまみ

A [きび砂糖 … 25g
  [グラニュー糖(微粒子) … 10g
  >混ぜ合わせる

全卵 … 1/2個分(25g)
  >常温にもどし、フォークでほぐす

ラム酒 … 小さじ2

B [薄力粉 … 50g
  [ココアパウダー … 10g
  [ベーキングパウダー … 小さじ1/4
  >合わせてふるう

ピーカンナッツ(ロースト済み) … 20g
  >粗く刻む

バナナ … 正味30g
  >1cm角に切る

＊天板にオーブン用シートを敷く。
＊オーブンはほどよいタイミングで170℃に予熱する。

[作り方]

1 ボウルにバターと塩を入れ、泡立て器でバターがなめらかになるまで混ぜる。

2 Aを3回ほどに分けて加え、そのつど全体になじむまですり混ぜる。

3 卵を4〜5回に分けて加え、そのつど全体になじむまで混ぜる。ラム酒を加え、大きく混ぜ合わせる。

4 Bを加え、片手でボウルを回しながら、ゴムべらで底から大きくすくい返すようにして全体を15〜20回混ぜる。粉がほぼなくなったらピーカンナッツとバナナを加え、ボウルを回しながらゴムべらで押しつけるようにして全体を20回ほど混ぜる。

5 天板にスプーンで4の1/10量ずつを5〜6cm間隔で落とし、水で濡らしたスプーンの背で軽く押さえて平らにする。予熱したオーブンで18〜20分焼く。

6 天板ごと網にのせ、粗熱がとれたらクッキーを網に直接のせて冷ます。

—◀ note ▶—

・しっとりとしてソフトクッキーのような食感。バナナが入っているので、できるだけ早めに食べる。
・バナナを加えず、ピーカンナッツのみで作ってもおいしい。カリッとした食感のクッキーになる。
・子ども用に酒類を抜きたい場合はラム酒なしで作ってもよい。

ココアとくるみのブールドネージュ　B

材料と下準備　直径2.5cm 約40個分

発酵バター（食塩不使用）… 65g
　＞常温にもどす
粉砂糖 … 20g + 60g
　＞それぞれふるう
A ┌ 薄力粉 … 60g
　├ コーンスターチ … 15g
　├ アーモンドパウダー … 15g
　└ ココアパウダー … 10g
　＞合わせてふるう
くるみ（ロースト済み）… 20g
　＞粗く刻む

＊天板にオーブン用シートを敷く。
＊オーブンはほどよいタイミングで160℃に予熱する。

作り方

1　P15「基本のブールドネージュ」1〜6と同様に作る。ただし1でバニラビーンズは不要。3でAと同時にくるみを加える。

――― note ―――
・ココアとくるみの間違いない組み合わせ。難易度も低く、お菓子作り未経験者にもおすすめ。

ココアのクッキーとブルーベリージャム　E

材料と下準備　直径5cmの花形 約30個分

発酵バター（食塩不使用）… 125g
　＞常温にもどす
塩 … ひとつまみ
粉砂糖 … 60g + 適量
　＞60gはふるう
全卵 … 1/2個分（25g）
　＞常温にもどし、フォークでほぐす
A ┌ 薄力粉 … 185g
　└ ココアパウダー … 25g
　＞合わせてふるう
ブルーベリージャム … 適量

＊天板にオーブン用シートを敷く。
＊オーブンはほどよいタイミングで160℃に予熱する。

――― note ―――
・ブルーベリージャムは硬めのものを使用すると時間がたっても湿気にくい。
・真冬の雪をイメージした粉砂糖でエレガントに装飾した。

作り方

1　ボウルにバターと塩を入れ、泡立て器でバターがなめらかになるまで混ぜる。
2　粉砂糖60gを2〜3回に分けて加え、そのつど全体になじむまですり混ぜる。
3　卵を5回ほどに分けて加え、そのつど全体になじむまで混ぜる。
4　Aを加え、片手でボウルを回しながら、ゴムべらで底から大きくすくい返すようにして全体を30回ほど混ぜる。粉けがほぼなくなったら、ボウルを回しながらゴムべらで押しつけるようにして全体を30〜40回混ぜる。
5　ラップで4を包んで厚さ2〜3cmにまとめ、冷蔵室で1〜2時間休ませる。
6　5をいくつかにちぎり、手で押しつぶしてやわらかくし、ひとつにまとめ直す。作業台と生地に打ち粉適量（分量外）をふり、めん棒で厚さ3mmほどにのばす。クッキー抜型（直径5cm・花）の切り口に打ち粉をつけながら生地を抜き、天板に2〜3cm間隔で並べる。1/2量はクッキー抜型（直径2cm・丸）の切り口に打ち粉をつけながら中心を抜いてはがす ⓐ。残った生地はまとめ直し（はがした生地もいっしょにまとめる）、同様にのばして抜き、天板に並べる。予熱したオーブンで20分ほど焼く。
7　天板ごと網にのせ、粗熱がとれたらクッキーを網に直接のせて冷ます。
8　7が冷めたら、中心を抜いたクッキーに茶こしで粉砂糖適量をふるいながらかける ⓑ。
9　中心を抜いていないクッキー1枚の底面にスプーンでブルーベリージャムをのせ、8の粉砂糖をかけたクッキー1枚ではさみ、軽く押さえる。残りも同様に作る。

ガナッシュのサンド

チョコレートで作る濃厚なクリーム、ガナッシュ。
これをサンドしたクッキーは、
ワンランク上のバレンタインデーの贈りものにぴったり。

コーヒーのラングドシャと
ホワイトチョコのガナッシュ
L →P90

ラム酒のクッキーと
ガナッシュ
E →P90

ココアと粗塩のクッキー
G →P91

ココアとピンクペッパーの
クッキー
G →P91

大人のバレンタイン
甘いばかりがクッキーではありません。
粗塩やピンクペッパーを使った、
大人の雰囲気のアイスボックスクッキーです。

コーヒーのラングドシャとホワイトチョコのガナッシュ　L

> 材料と下準備　直径2.5cm 約30個分

ガナッシュ
- 生クリーム（乳脂肪分35%）… 10mℓ
- 水あめ … 3g
- 製菓用チョコレート（ホワイト）… 30g
  - > 粗く刻む
- バター（食塩不使用）… 3g
  - > 常温にもどす

発酵バター（食塩不使用）… 30g
  > 常温にもどす

粉砂糖 … 15g
  > ふるう

メレンゲ
- 卵白 … 1個分（30g）
  - > 常温にもどす
- 粉砂糖 … 15g
  - > ふるう

A
- 薄力粉 … 25g
- アーモンドパウダー … 5g
  - > 合わせてふるう

インスタントコーヒー（顆粒）… 小さじ1と1/4
  > スプーンの背で細かくつぶす

＊絞り出し袋に丸口金（直径9mm）をつける。
＊オーブン用シートにクッキー抜型などで直径2cmの円形の印を2cm間隔で描き、裏返して天板に敷く。
＊オーブンはほどよいタイミングで180℃に予熱する。

> 作り方

1. ガナッシュを作る。耐熱ボウルに生クリームと水あめを入れ、ラップをせずに電子レンジで10〜20秒加熱してスプーンで混ぜる。チョコレートを加えてそのまま30秒ほどおき、静かに混ぜて溶かす。バターを加えてよく混ぜ合わせる。粗熱がとれたら表面をラップで覆い、冷蔵室に入れる。
2. P18「基本のラングドシャ」1〜5と同様に作る。ただし3で最後のAといっしょにインスタントコーヒーも加え混ぜる。
3. 2が冷めたら1枚の底面にスプーンで1のガナッシュをのせ、もう1枚ではさみ、軽く押さえる。残りも同様に作る。

— note —

・ミルキーなガナッシュをサンドしたクッキー。ホットコーヒーと相性抜群。

ラム酒のクッキーとガナッシュ　E

> 材料と下準備　直径4cm 約35個分

発酵バター（食塩不使用）… 140g
  > 常温にもどす

塩 … ひとつまみ

粉砂糖 … 100g
  > ふるう

全卵 … 1個分（50g）
  > 常温にもどし、フォークでほぐす

ラム酒 … 小さじ1

A
- 薄力粉 … 200g
- アーモンドパウダー … 50g
- ベーキングパウダー … 小さじ1/4
  - > 合わせてふるう

ガナッシュ
- 生クリーム（乳脂肪分35%）… 45mℓ
- 水あめ … 10g
- 製菓用チョコレート（スイート）… 90g
  - > 粗く刻む
- バター（食塩不使用）… 10g
  - > 常温にもどす

ドリュール
- インスタントコーヒー（顆粒）… ふたつまみ
  - > 湯小さじ1/4で溶く
- 全卵 … 大さじ1
  - > ほぐして茶こしでこす
  - > よく混ぜ合わせる

アーモンドスライス（ロースト済み）… 約35枚

＊天板にオーブン用シートを敷く。
＊オーブンはほどよいタイミングで160℃に予熱する。

> 作り方

1. P10〜11「基本の型抜きクッキー」1〜6と同様に作る。ただし1でバニラビーンズは不要。3で卵を混ぜた後にラム酒を加え混ぜる。4で薄力粉の代わりにAを加える。6でクッキー抜型は直径4cmの丸形のものを使い、ここではまだ焼かない。
2. 1で生地を休ませているあいだにガナッシュを上記「コーヒーのラングドシャとホワイトチョコのガナッシュ」1と同様に作る。ただし電子レンジの加熱時間は20〜30秒にする。
3. はけでドリュールを1の生地の表面に塗り、天板ごと冷蔵室に入れて2〜3分おく。表面が乾燥したら、もう一度ドリュールを塗り、1/2量にアーモンドスライスを1枚ずつのせて軽く押さえる。予熱したオーブンで25分ほど焼く。
4. 天板ごと網にのせ、粗熱がとれたらクッキーを網に直接のせて冷ます。
5. 4が冷めたら、何ものせていない1枚の底面にスプーンで2のガナッシュをのせ、アーモンドスライスをのせた1枚ではさみ、軽く押さえる。残りも同様に作る。

— note —

・ラム酒入りの生地と濃厚なガナッシュでリッチな味。冷やして食べてもおいしい。
・アーモンドスライスの代わりに刻んだクルミや粗塩などを散らしてもよい。

ココアと粗塩のクッキー

[材料と下準備] 3.5×3cmの長方形 約40枚分

発酵バター(食塩不使用)… 90g
　＞常温にもどす
粗塩(粒が大きいもの)… 1g＋適量
粉砂糖 … 45g
　＞ふるう
卵黄 … 1個分(20g)
　＞常温にもどし、フォークでほぐす
A ┌ 薄力粉 … 130g
　└ ココアパウダー … 10g
　＞合わせてふるう

＊天板にオーブン用シートを敷く。
＊オーブンはほどよいタイミングで160℃に予熱する。

[作り方]

1 ボウルにバターと粗塩1gを入れ、泡立て器でバターがなめらかになるまで混ぜる。
2 粉砂糖を2〜3回に分けて加え、そのつど全体になじむまですり混ぜる。
3 卵黄を2回ほどに分けて加え、そのつど全体になじむまで混ぜる。
4 Aを加え、片手でボウルを回しながら、ゴムべらで底から大きくすくい返すようにして全体を20回ほど混ぜる。粉けがほぼなくなったら、ボウルを回しながらゴムべらで押しつけるようにして全体を40回ほど混ぜる。
5 ラップで4を包んで厚さ2〜3cmにまとめ、冷蔵室で1〜2時間休ませる。
6 5をいくつかにちぎり、手で押しつぶしてやわらかくする。ひとつにまとめ直し、カードで2等分に切る。作業台に打ち粉適量(分量外)をふり、それぞれ3×2.5cm×長さ16cmほどの四角い棒状にしてラップで包み、冷凍室で1時間ほど休ませる。
7 6を厚さ8mmに切って天板に2〜3cm間隔で並べ、粗塩適量をふる。予熱したオーブンで20〜25分焼く。
8 天板ごと網にのせ、粗熱がとれたらクッキーを網に直接のせて冷ます。

—— note ——

・ワインにも合う大人味のクッキー。粗塩の食感がアクセントに。

ココアとピンクペッパーのクッキー

[材料と下準備] 3cm四方 約42枚分

発酵バター(食塩不使用)… 90g
　＞常温にもどす
塩 … 1g
粉砂糖 … 40g
　＞ふるう
A ┌ 薄力粉 … 90g
　├ 強力粉 … 25g
　└ ココアパウダー … 15g
　＞合わせてふるう
ピンクペッパー … 小さじ1

＊天板にオーブン用シートを敷く。
＊オーブンはほどよいタイミングで160℃に予熱する。

ピンクペッパー

コショウボクの実を乾燥させたもの。一般的なこしょうとは別の種類。すっとした香りが特徴。

[作り方]

1 ボウルにバターと塩を入れ、泡立て器でバターがなめらかになるまで混ぜる。
2 粉砂糖を2〜3回に分けて加え、そのつど全体になじむまですり混ぜる。
3 Aを加え、片手でボウルを回しながら、ゴムべらで底から大きくすくい返すようにして全体を20回ほど混ぜる。粉けがほぼなくなったら、ピンクペッパーを手でひねりつぶしながら加え、ボウルを回しながらゴムべらで押しつけるようにして全体を40回ほど混ぜる。
4 ラップで3を包んで厚さ2〜3cmにまとめ、冷蔵室で1〜2時間休ませる。
5 4をいくつかにちぎり、手で押しつぶしてやわらかくする。ひとつにまとめ直し、カードで2等分に切る。作業台に打ち粉適量(分量外)をふり、それぞれ2.5cm角×長さ17cmほどの四角い棒状にしてラップで包み、冷凍室で1時間ほど休ませる。
6 5を厚さ8mmに切って天板に2〜3cm間隔で並べ、予熱したオーブンで20〜25分焼く。
7 天板ごと網にのせ、粗熱がとれたらクッキーを網に直接のせて冷ます。

—— note ——

・苦みのある生地の中にすっきりとした香りのピンクペッパーを加え、上品な味に。
・卵黄を使わずに強力粉を加え、ざくざくとした食感に仕上げた。

日本のお正月のクッキー

お正月に相応しい、上品な和風のクッキーです。
抹茶の緑色がとてもきれいです。

抹茶のムラング
[M] →P94

抹茶とゆずの
マーブルクッキー
[G] →P94

エピファニー
フランスの1月6日はエピファニー(公現祭)。
ガレットデロワというアーモンドクリームが入ったパイを食べますが、
表面の模様を真似てクッキーにアレンジしてみました。

ガレットデロワ風
PB →P95

ラズベリーの
ガレットデロワ風
PB →P95

抹茶のムラング M

[材料と下準備]　直径1.5cmのしずく形 約150個分

メレンゲ
　卵白 … 1個分(30g)
　　>冷蔵室で冷やす
　グラニュー糖(微粒子) … 25g
A「粉砂糖 … 30g
 　抹茶パウダー … 小さじ1/2
　　>合わせてふるう

＊絞り出し袋に丸口金(直径7mm)をつける。
＊天板にオーブン用シートを敷く。
＊オーブンはほどよいタイミングで110℃に予熱する。

[作り方]

1　メレンゲを作る。ボウルに卵白を入れ、ハンドミキサーの高速で1分ほどほぐす。グラニュー糖を5〜6回に分けて加え、そのつど高速で1分ほど泡立てる。きめが細かく、すくうとつのがぴんと立つくらいになったらOK。
2　Aを加え、片手でボウルを回しながら、ゴムべらで底から大きくすくい返すようにして全体を20〜30回混ぜる。
3　絞り出し袋に2を入れ、天板の四隅にごく少量を絞り出し、オーブン用シートを留める。1cm間隔で直径1.5cmほどのしずく形に絞り出す。予熱したオーブンで1時間ほど焼き、天板ごと網にのせて冷ます。

— note —

・抹茶パウダーの緑色が美しい。ここでは一保堂茶舗の「初昔」を使用。
・製菓用チョコレート(スイート)10gを細かく刻んで加えても美味。

抹茶とゆずのマーブルクッキー G

[材料と下準備]　直径3cm 約56枚分

抹茶生地
　発酵バター(食塩不使用) … 45g
　　>常温にもどす
　塩 … ひとつまみ
　粉砂糖 … 20g
　　>ふるう
　卵黄 … 1/2個分(10g)
　　>常温にもどし、フォークでほぐす
A「薄力粉 … 65g
 　抹茶パウダー … 小さじ1
　　>合わせてふるう

ゆず生地
　発酵バター(食塩不使用) … 45g
　　>常温にもどす
　塩 … ひとつまみ
　ゆずの皮 … 1/4個分
　　>すりおろす
　粉砂糖 … 25g
　　>ふるう
　卵黄 … 1/2個分(10g)
　　>常温にもどし、フォークでほぐす
　薄力粉 … 70g
　　>ふるう

＊天板にオーブン用シートを敷く。
＊オーブンはほどよいタイミングで160℃に予熱する。

[作り方]

1　P8〜9「基本のアイスボックスクッキー」1〜5と同様に抹茶生地を作る。ただし1でバニラビーンズは不要。4で薄力粉の代わりにAを加える。
2　P8〜9「基本のアイスボックスクッキー」1〜5と同様にゆず生地を作る。ただし1でバニラビーンズの代わりにゆずの皮を加える。
3　1の抹茶生地と2のゆず生地をそれぞれいくつかにちぎり、手で押しつぶしてやわらかくする。2つの生地の1/2量ずつをまとめⓐ、かたまりを2つ作るⓑ。作業台に打ち粉適量(分量外)をふり、それぞれ軽くこねてから直径2.5cm×長さ23cmほどの細い円柱状にしてⓒラップで包み、冷凍室で1時間ほど休ませる。
4　3を厚さ8mmに切って天板に2〜3cm間隔で並べ、予熱したオーブンで20〜25分焼く。
5　天板ごと網にのせ、粗熱がとれたらクッキーを網に直接のせて冷ます。

ⓐ

ⓑ

ⓒ

— note —

・2つの生地を合わせて作るマーブル模様のクッキー。こねすぎるときれいにできないので注意。
・抹茶独特の苦みとゆずの皮のさわやかな酸味がよく合う。ゆずの代わりに青ゆずの皮を使用する場合は1/2個分にする。
・抹茶生地とココア生地など、好みの組み合わせを探してみるのも楽しい。

ガレットデロワ風 PB

材料と下準備　直径7cmの花形 約10枚分

発酵バター（食塩不使用）… 50g
  > 1cm角に切ってボウルに入れ、冷蔵室で冷やす

A ┌ 薄力粉 … 50g
　└ 強力粉 … 50g
  > 合わせてふるう

グラニュー糖（微粒子）… 小さじ1/2

塩 … 小さじ1/4

全卵 … 1/2個分（25g）
  > 冷蔵室で冷やし、直前にフォークでほぐす

グラニュー糖 … 適量

＊天板にオーブン用シートを敷く。
＊オーブンはほどよいタイミングで180℃に予熱する。

作り方

1　バターが入ったボウルにA、グラニュー糖小さじ1/2、塩を加え、カードで軽く混ぜて全体をなじませる。バターを切るようにして混ぜ合わせ、細かい粒状にする。

2　中央をあけて卵を2〜3回に分けて加え、そのつど全体を切るようにして卵がなじむまで混ぜ合わせる。

3　押しつけるようにまとめてから大まかに切り分け、再び押しつけるようにまとめ直す。これを3〜4回繰り返し、粉けがなくなったらラップで包んで厚さ2〜3cmにまとめ、冷蔵室で3時間以上休ませる。

4　3のラップをはずし、改めてラップ2枚で生地をはさみ、めん棒で25×20cm、厚さ3mmほどにのばす。クッキー抜型（直径7cm・花）の切り口に打ち粉適量（分量外）をつけながら生地を抜き、天板に2〜3cm間隔で並べる。残った生地はまとめ直し、同様にのばして抜き、天板に並べる。

5　はけで表面に薄く水を塗り ⓐ、グラニュー糖適量を指で軽く押さえてなじませる ⓑ。ナイフの背で中心に印をつけ ⓒ、中心から外側に向かって弧を描くように模様をつけ ⓓⓔⓕ、予熱したオーブンで20分ほど焼く。

6　天板ごと網にのせ、粗熱がとれたらクッキーを網に直接のせて冷ます。

— note —

・ガレットデロワはフランスで新年の公現祭（エピファニー）に食べる伝統的なお菓子。パートブリゼの生地で小さなクッキーにアレンジした。縁が茶色く色づくまで焼くと香ばしくておいしい。
・5で生地がやわらかく、模様を描きにくい場合は冷蔵室で少し冷やすとよい。冷凍室でもよいが凍らせてはいけない。ナイフの背側の先端で、まず十文字に弧を描いてから、さらに細かく弧を描いていくとバランスよく模様が入る。

ラズベリーのガレットデロワ風 PB

材料と下準備　直径7cmの花形 約10枚分

発酵バター（食塩不使用）… 50g
  > 1cm角に切ってボウルに入れ、冷蔵室で冷やす

A ┌ 薄力粉 … 50g
　└ 強力粉 … 50g
  > 合わせてふるう

グラニュー糖（微粒子）… 小さじ1/2

塩 … 小さじ1/4

ラズベリー（冷凍）… 25g
  > 解凍し、フォークの背でつぶしてピュレ状にする

グラニュー糖 … 適量

＊天板にオーブン用シートを敷く。
＊オーブンはほどよいタイミングで180℃に予熱する。

作り方

1　上記「ガレットデロワ風」1〜6と同様に作る。ただし、2で卵の代わりにラズベリーを加える。

— note —

・卵の代わりにラズベリーを使用。ほんのりピンクに色づき、酸味もあって新鮮なおいしさ。
・ほかの冷凍フルーツで作る場合はカシスや赤すぐりなど、酸味が強いものを選ぶとよい。

料理製作 _ 高石紀子

菓子研究家。甲南大学卒。ル・コルドン・ブルー神戸校でディプロムを取得したのちに渡仏。リッツ・エスコフィエで学び、ホテル・リッツ、ブレ・シュクレなどの人気店でスタージュを経験。帰国後はフランス菓子の料理教室、アパレルブランド向けのケータリング、通信販売などを手がける。くだもの使いが巧みなケーキやサブレを得意とし、素朴ながら飽きのこない、エバーグリーンなおいしいお菓子を追究する。著書に『やさしい甘さのバナナケーキ、食事にもなるキャロットケーキ』(主婦と生活社) など。http://norikotakaishi.com

撮影 _ 三木麻奈
スタイリング _ 佐々木カナコ
デザイン _ 川村よしえ (otome-graph.)
文 _ 佐藤友恵
校閲 _ 安藤尚子
編集 _ 小田真一

【撮影協力】
TOMIZ (富澤商店)
☎ 042-776-6488
http://tomiz.com

UTUWA
http://www.awabees.com
東京都渋谷区千駄ヶ谷 3-50-11
明星ビルディング 1F

365日のクッキー

著　者　　高石紀子
編集人　　束田卓郎
発行人　　倉次辰男
発行所　　株式会社主婦と生活社
　　　　　〒 104-8357 東京都中央区京橋 3-5-7
　　　　　[編集部] ☎ 03-3563-5129
　　　　　[販売部] ☎ 03-3563-5121
　　　　　[生産部] ☎ 03-3563-5125
　　　　　https://www.shufu.co.jp
製版所　　東京カラーフォト・プロセス株式会社
印刷所　　共同印刷株式会社
製本所　　小泉製本株式会社
ISBN978-4-391-15076-6

十分に気をつけながら造本していますが、落丁、乱丁本はお取り替えいたします。お買い求めの書店か、小社生産部にお申し出ください。
Ⓡ 本書を無断で複写複製（電子化を含む）することは、著作権法上の例外を除き、禁じられています。本書をコピーされる場合は、事前に日本複製権センター（JRRC）の許諾を受けてください。また、本書を代行業者等の第三者に依頼してスキャンやデジタル化をすることは、たとえ個人や家庭内の利用であっても、一切認められておりません。
JRRC [URL] https://jrrc.or.jp　[Eメール] jrrc_info@jrrc.or.jp
　　　[TEL] 03-6809-1281

© NORIKO TAKAISHI 2017 Printed in Japan